ジュニアのための
キリスト教教理問答

Catechism for Junior

一麦出版社

Soli Deo Gloria

目次

ジュニアのためのキリスト教教理問答

神について

問1　この世界はいつ、どのように始まったのですか。

答　神が、見える世界と、見えない世界のすべてを造られました。神は最初に光を造り、次に時間を造られました。神は時間の外におられる方ですが、自然と人間と生物をすべて、時間という枠組みの中で生きるように定められました。

神は言われた。「光あれ。」……夕べがあり、朝があった。第一の日である。（創世１・３〜５）

問2　神はいつからおられるのですか。

答　神は永遠の昔から、いつでも、どこにでもおられる方です。

かつておられ、今おられ、やがて来られる方。（黙示４・８）

どこに行けばあなたの霊から離れることができよう。（詩139・７）

知らない人に会うとき、サラリーマンは名刺を交換します。その人についてもっと知りたいときは本人に自己紹介していただきます。その人との信頼関係が深まれば、相手はより詳しい情報を教えてくれます。しかし、相手は私のすべての質問に答えてくれるわけではありません。私に知らせてもよいと思う情報だけを教えてくれます。神について知りたければ、本人に自己紹介していただくしか方法はありません。けれども神語で私に話しかけてもらっても人間にはわかりませんから、人間の言葉で説明してもらうしかありません。「神が私たちに理解できるように、人間の言葉で説明された自己紹介の書」、それが聖書です。

聖書は私たちが最も知りたいこと、すなわちこの世の始まりを教えています。神は天地創造の前にまず、この世の存在の枠組みを作られました。それが時間という枠組みです。神はまず混沌と深淵の中に光を造られ、光と闇とが交互に現れるようにされました。「夕べがあり、朝があった。第一の日である」（創世1・5）。太陽も地球もまだ造られていませんから、自転も公転もありません。「夕と朝が交互に出現する」という記述は、神が初めに時間を造られたと言いたいのです。今から3000年以上も前の古代人たちのすばらしい時間の定義です。この「日」は現代の24時間と同じであると主張する人々がいますが、これは全く見当はずれの議論です。神によって造られたこの世のすべてのもの（被造物）は時間の中に存在します。この枠組みを超えること、つまり過去の時間に遡ったり、未来を先取りして存在することは「時間の外におられる方」、すなわち永遠の存在である神にしかできません。そして世界の始まりを造った神は終わりも造られます。その全体は神のご計画の内にあります。その計画の一部を、神は聖書によって私たちに教えておられます。「命を創造する神と被造物である人間」、この根本的違いを受け入れて神の前に謙虚に聞く姿勢を取る者に、神はご自分を、聖書をとおして私たちに豊かに自己紹介してくださいます。

問3　神はどんな方ですか。

答　神は霊であられ、あらゆることにおいて限りがなく、永遠で、変わらない方です。

神は霊である。（ヨハネ4・24）

主であるわたしは変わることがない。（マラキ3・6）

問4　霊とは何ですか。

答　霊とは神のあり方で、その本質が物質ではないということです。しかし、人の目に見えるように、体をもって現れてくださることもあります。

主とは霊のことです。（Ⅱコリント3・17）

主は……アブラハムに現れた。……三人の人が彼に向って立っていた。（創世18・1、2）

サラリーマンの二人が居酒屋でぐだぐだと話しています。「この世の中に神がいるなら、何で病気、災害がいっぱいのこの世の中を放っておくんだ。」「神がいるなら見せてもらいたいもんだ。」……そこに真っ白に輝く神さまが現れて言いました。「すみません、私がその神なんですけど。」……そんなことは決して起こりません。神は時間も空間も超越しておられ、自由に私たちの空間に入って来られます。しかし、それは神にとってふさわしいやり方でなさいます。人は苦しい時には神頼みをしますが、健康で満ちたりている時は神を忘れて過ごしています。また平気で神に向かって不平を言います。「正しい者はいない。……神を探し求める者もいない」（ローマ3・10、11）と聖書は言います。

人を造られた神は造りっぱなしで放っておかれる方ではありません。霊であられる神はご自分の霊の一部を吹き入れて人を造られましたから、人の心を探り知っておられます。「人の心を見抜く方は、霊の思いが何であるかを知っておられます」（ローマ8・27）。私たちを愛しておられる神は永遠に変わることがありません。物質ではなく霊である神は、時間と空間に束縛されず、人と自由に交わってくださいます。しかし、ご自分の栄光の姿で人に現れると人は驚愕してしまいますから、人を用いたり天使を用いて人に接触されます。神が人類の中から特別に選ばれたアブラハムやモーセなどを除くと、人が神に接することができるのは、イエス・キリストが登場する前の旧約聖書の時代では、イスラエルの祭司、預言者などをとおして、特に礼拝の場を用いて人に語られました。被造物には大きさ、存在、思考、理解力、動作、運動能力などあらゆることにおいて限りがあります。しかし、神には限界はありません。17世紀にイギリスで作られた信仰告白文は無限の神をこのような簡潔な文章で定義しました。「神は霊であられ、その存在、知恵、力、聖、義、善、真実において、無限、永遠、不変のかたです」（ウェストミンスター小教理問答4）。

問5　神はなぜ私を造られたのですか。

答　神は私の父と母をとおして私の命を造り、この世に誕生させられました。それは、私が神の栄光を現《あらわ》し、神を讃美するためです。

あなたは、わたしの内臓を造り、母の胎内にわたしを組み立ててくださった。（詩139・13）

主を賛美するために民は創造された。（詩102・19）

問6　神はどのようにして、最初の人を造りましたか。

答　神は土の塵で人を形づくり、その鼻に命の息（霊）を吹き入れて、人を造りました。

主なる神は、土（アダマ）の塵で人（アダム）を形づくり、その鼻に命の息を吹き入れられた。人はこうして生きる者となった。（創世2・7）

ある学者は「人間は土の塵から造られ、神がその鼻に命の息を吹き込んで生きる者となった」（創世2・7）という聖書の叙述を「全くの幼稚な神話だ」と一蹴します。しかし、信仰者にとってこれは、「私はどこから来てどこへ行くのか」「私はなぜ存在しているのか」という永遠の問いと、人間存在の根本理由を説明した明確な非常に重要な叙述です。科学でも「進化論」でも「命はどこから、なぜ、どのようにして誕生したか」は決して説明できません。それは宗教の問題です。特に「なぜ」は、創造者を仮定しますから、宗教固有の問いです。この人間創造の記事を読むと、信仰者には神の肺の中にあった命が吹き込まれている（擬人的表現）という大きな感謝の念が湧き出てきます。また「塵は元の大地に帰り、霊は与え主である神に帰る」（コヘレト12・7）という美しく簡潔な表現は、死とその後に対する大きな安心と感謝を与えます。

「土の塵から造られた人間」という言い方は科学的にも正しい表現です。人体は酸素、炭素、水素、窒素、カルシウム、硫黄、カリウム、ナトリウム、塩素、マグネシウムなど、すべて地球上にある様々な素材によって造られました。しかし、それらを混ぜ合わせただけでは人間にはなりません。そこに必要なのは「神の息」すなわち命の根源です。何という正確無比な表現でしょうか。人間は「土の器《うつわ》」（IIコリント4・7）にすぎませんが、神の栄光を悟る光を与えられています。信仰をもって聖書を読む人の人生は「土」だけでは終わりません。なぜならその体の中に「命の息」があるからです。芸術家はその作品によって栄光を与えられます。優れた芸術家であればあるほど、その作品は作者の意図を雄弁に語ります。神の作品である自然世界の秩序と天然の美は、作者である神の芸術性を表しています。人間も神の作品です。人は神の栄光を現すという目的をもってこの世に生み出されました。神をほめたたえ、神に感謝し、神と隣人を愛するキリスト者の生き方を見て、他の人々も神をたたえます。

問7　神は何人おられるのですか。

答　神はただ独《ひと》りしかおられない唯一の方で、生きておられる、まことの神です。その他の神々とよばれるものは人の作品で、聖書はこれを偶像とよびます。

唯一の神以外にいかなる神もいない。（Ⅰコリント8・4）

問8　神にとって、対等な存在も、助手もいないのなら、神は孤独ではないのですか。

答　いいえ、神の中に、父、御子、聖霊という、三つの区別された位格があり、神はこれら三者の、豊かな交わりの中におられます。

わたしは神のかたわらで、これを組み立てる者であった。（箴8・30、新改訳）

世界が造られる前に、わたしがみもとで持っていたあの栄光を。（ヨハネ17・5）

日本の神道《しんとう》では海、山などの自然界や自然現象、学問、商売や縁結びなど、人間関係のあらゆる生活の一つひとつに別々の「神」が存在すると考えますから、その数と種類の多さから「八百万《やおよろず》の神」と言われます。これは日本人の日々の暮らしに、いかに神が身近に存在しているかを象徴する言葉だと言われます。しかし、八百万とは数の多さを強調するだけで、その実体を把握できる人などいません。そのような神は「身近に存在している」のではなく、人間の都合によって身近にもなり疎遠にもなるという危うい存在です。商売、安産、学問、交通安全などを司《つかさど》る「機能神」は生活に直に結びつきますから、この部分を守護すると考えられる神はもてはやされ、その神社も繁盛しています。これらの神々には人間の都合によって優劣が生まれます。さらに人間の全人格に行き渡るような守り神はいませんから、機能神に帰依して「人より抜きん出る」ことのみを願うならば、いびつな人格となるおそれもあります。

聖書を通して自己紹介される神は「あなたには、私をおいてほかに神があってはならない」(申命5・7)と高らかに宣言され、人が拝むもろもろの神々を「偶像」と断罪されます。「唯一神」とは、人が神について人知を尽くして考え抜いた結果の結論ではなく、神の一方的な宣言です。神は一人だけの存在で、全知全能ですから、この方によって造られた人間には、民族や人種による優劣など存在しないことがわかります。

神は一人だけで寂しくないのかという疑問は極めて人間的な発想です。人は男女という互いに向き合う存在として造られましたから一人だけでは生きてゆけません。神の中には最初から父、御子、聖霊という区別された「位格」が存在し、この三者の豊かな交わりの中におられました。「神は愛なり」とは神の私たちに対する態度ですが、神そのものが愛であることを示します。このことは人間の理性では説明できませんが、神がそのようにご自分を自己紹介してくださったことによって明らかにされました。

問9　唯一の神と、「三者の交わりの中にある神」とは、矛盾ではありませんか。

答　いいえ。このことは神の存在のあり方という、神にしかわからない神秘の現象で、人間には合理的に説明できませんが、三つの位格をもった独りの神です。

御子は見えない神の姿であり、すべてのものが造られる前に生まれた方です。（コロサイ1・15）

問10　位格とは何ですか。

答　その存在が成り立つ本質（主体）のことで、人間では人格とよばれます。

御子は、……、神の本質の完全な現れ（ヘブライ1・3）

人はものを考えるとき心の中で会話をしています。「晩飯は何にしようか、カレーにしようか、それともシチューにしようか」。一人の人間の中で二人の「私」のほほえましい会話がある一方、こんな会話もあります。「今店員はレジの一人だけだ。今なら万引きできるぞ!」。しかし良心の声が反論します。「万引きは犯罪だよ!」。その人の中で天使の声と悪魔の声が会話しています。しかし、一方の人格が独立してもう一人の私が出現するなどということはありません。聖書は神の中に、最初から複数の位格があったと言います。「初めに神(原文は複数形)は天地を創造された。……神の霊が水の面を動いていた。神は言われた『光あれ』」(創世1・1〜3)。ここには神、神の霊、「光あれ」という「言葉」の三者が登場します。言葉は理性が生み出します。神、霊、理性はそれぞれ無限な存在ですから独立して存在し、自由に神の外でも活動できるのです。この三者を統一させているのは完全な愛で、神はこれらの豊かな交わりの中におられます。

神はただ独りだけだということと、神の中に三者の区別された「位格」が存在するという矛盾のように見える記述について、キリスト教会はこれを合理的に説明しようとはせず、理性を超えた神の存在のあり方を謙虚に受け入れました。もしこれが説明できたとすれば、それは有限な人間の理性によって把握される神、すなわち有限な神ということになります。有限な人間は無限なる神を捉えることはできません。

ある神学者は「神が愛であるとは、神の中に、愛する者、愛される者、愛そのもの、という三者が存在することである」と説明しました。これは一つの説明です。神の存在の中に三つの「人格」がある。この人格という言葉はラテン語のペルソナ(persona、仮面)の翻訳です。この言葉から英語のパースン(person 個人)という言葉ができました。神の場合は人ではありませんので神のパーソンという代わりに「位格」という言葉を当てはめるようになりました。

問11　父、御子、聖霊という、神の存在のあり方を、何とよびますか。

答　三位一体《さんみいったい》です。これら三つの位格は、本質において同質である一人の神ですが、その働きにおいて役割の違いがあります。

主イエス・キリストの恵み、神の愛、聖霊の交わりが、あなたがた一同と共にあるように（Ⅱコリント13・13）

問12　神と人間の関係において、三位一体の神の役割の違いは何ですか。

答　父なる神は人間の救いを計画し、御子がそれを十字架で実行し、聖霊がこのことを人間の心に働きかけて信じさせます。

父がわたしの名によってお遣わしになる聖霊が、あなたがたにすべてのことを教え、（ヨハネ14・26）

「父なる神、子なるキリスト、聖霊なる神」を表現する三位一体という言葉は聖書にはありません。イエス・キリストは「父、子、聖霊の御名によってバプテスマを授けよ」と言われました（マタイ28・19）。三つの位格をもった一つの主格である神を表現するこの言葉は、初期キリスト教会の教父であるテルトゥリアヌス（160年頃〜220年頃）によると言われます。キリスト教会は長年の神学会議により、325年のニカイア公会議でこの教義を定着させました。三位一体理解のための議論は、神御自身の存在様式に関するものと、人間との関わりにおける三位の役割に関するものとを区別して考えます。前者は「本体論的（内在的）三位一体」とよばれ、後者は「経綸《けいりん》的三位一体」とよばれます。前者は三者が生まれる順序や、三者の中でキリストや聖霊は父なる神より低い地位なのか（従属説）などを議論しますが、有限な人間が無限の神の存在のあり方を議論するという、全くの思弁に陥ってしまいがちでした。私たちにとっては後者の議論が有益です。

三位一体の神は、私たち人間が理解できるような役割の違いをもっています。それが「父なる神による救いの計画、御子の実行、聖霊による周知徹底」という、人間を救うための三者の役割の違いです。三者には二者よりも客観性が生まれます。父なる神はまずイニシアティブをもって、堕落して滅ぶべき人間の救いを計画し、御子と聖霊に相談されました。父なる神は「堕落した人間を放置しておくのは義なる私のすべきことではない。しかし、すべてを滅ぼしてしまうのは、私の愛と憐れみの良心がゆるさない。どうすべきであろうか」。するとキリストは「私を人間の中に派遣してください。私の命を犠牲にして人間を救います」と言われました。そして聖霊は「堕落した人間はあなたのこのすばらしい計画を理解できません。私が人間の中に入って心を清め、これを理解できるように造り変えます」と言われました。こうして三位一体の三者が総がかりで私たちを罪から救うために働いてくださったのです。

罪について

問13　神が造られた世界に、なぜ病気、災害、死などがあるのですか。

答　神はすべてを正しく造られましたが、人が罪を犯したために、すべての災いと死が、入り込んできました。

一人の人によって罪が世に入り、罪によって死が入り込んだように、死はすべての人に及んだのです。（ローマ5・12）

問14　罪とは何ですか。

答　罪とは、神の御心に反する、人の思い、言葉、行動です。

罪を犯す者は皆、法にも背くのです。罪とは、法に背くことです。（Ⅰヨハネ3・4）

17世紀のオランダの画家レンブラントは「光の画家」とよばれます。それは真っ暗な背景を多用して光を当て、人物を浮かび上がらせる画風だからです。光と影のコントラストは人の心まで映し出します。闇が濃いほど光は輝きます。世の中に不幸と悪が満ち溢れているからこそ、人の善意、親切、愛は、よりいっそう輝きます。最大のジグソーパズルは7500ピースもあるそうです。神が統治する世界の全体は何億兆ものピースでできています。宇宙、国家の隆盛と没落、災害、一人の人間の生涯も小さなピースです。その全体像を見ることができるのは時間の外におられる神だけです。しかし、その全体像は光よりも闇の部分の方がはるかに多いでしょう。「悪とは善の欠落した状態」と定義する哲学者もいますが、聖書は一般論としての悪を論じません。アウグスティヌス（354～430年）は「神は悪を用いて善を造られるほどに全能の方である」「だから神にとって悪は存在しない」と言いました（『告白』7・13～19）。これは一つの考えです。

「神がすべてを造ったのなら、悪も造ったのか」。この「悪の起源」に対する聖書の答えは、創世記では原因譚物語《げんいんたん》（ある現象をその原因に遡って説明する文学様式）の枠組みを用いて創作されました。「神は完全な善だが、悪は外からやってきた」のです。悪は人が神に逆らった罪の結果である。これが聖書の悪に関する大前提です。病気、自然災害、苦労。これらは神がこの世をコントロールできないからでしょうか。この問題を別の視点から考えてみましょう。スポーツマンは日々の苦しい練習によって成功と満足感を得ます。研究者は毎日つらくて単調なルーチンワークの結果、新薬や新製品を生み出します。満足感は気の遠くなるような日々の苦しみの結果です。しかし、この苦しみによって人は成長します。努力と苦しみを経験しない人はもやしのような魅力のない人間になってしまうでしょう。だから苦しみ（悪）にも存在意義があることがわかります。それなら神の試練には、私たちが知ることができない深い理由があるかもしれません。

問15　神はなぜ、人が罪を犯さないように造らなかったのですか。

答　神は人を、ロボットではなく自由な意志をもった者として、神に逆らうこともできる者として造られました。

罪は戸口で待ち伏せており、お前を求める。お前はそれを支配せねばならない。（創世4・7）

問16　神に造られた最初の人は、何をして、罪を犯すことになったのですか。

答　最初の人アダムは禁じられた木の実を食べるという、神に逆らう罪を犯して堕落し、その結果当然である、神の刑罰を受けることになりました。

善悪の知識の木からは、決して食べてはならない。（創世2・17）

お前は、生涯食べ物を得ようと苦しむ。（創世3・17）

聖書は「悪」という抽象的な何かが存在するとは言いません。悪とは人の罪の結果です。聖書は罪とは神の命令（法）に逆らうことだと教えます。もし、神が人を造ったとき、神に逆らうことが決してできないというプログラミングを組み込まれたとしたら、人は罪を犯すことはなかったでしょう。しかし、そのようなプログラミングを施された生き物は人間と言えるでしょうか。自由意志をもつがゆえに人は人なのです。

ある王が一人の女性を好きになり、その人のすべてを欲しいと思いました。王は彼女に「お前が欲しいと思うものすべてをあげよう。但しお前は私を好きにならねばならない」と命じました。これでは王は女性に自由意志を与えたことにはなりません。それは自分の意志をもった真の人間ではなく奴隷です。この王が本当に彼女を愛するなら、彼女の自由意志を尊重し選択権を与えねばなりません。

自由意志をもって造られた人間は「木の実を食べれば、あなたは神のようになる」という蛇のセリフに唆《そそのか》されて神の命令に逆らいました。これが罪の起源「原罪」で、この結果が現実の「行為罪」です。蛇はいったいどこから来たのか、食べていけないような木をなぜエデンの園に置いたのか、と私たちは突っ込みたくなります。この問いに対する答えはありません。この物語は古代世界の原因譚《げんいんたん》という文学枠組みを用いて創作されました。「女はなぜ蛇を嫌うのか」「蛇はなぜ足がなくて這いずり回るのか」という理由を探る知恵文学です。これは創世記記者が神からアイデアをいただいて創作した物語ですので、古代世界の人々に罪の起源を教えるのに有効な方法でした。自由意志をもつということは責任を与えられたことです。日本の法律では犯罪を犯しても、精神障がいなどによって責任能力をもたないと判断された人には罰則を与えることができません。神の命令に逆らって罪を犯した人間に対して神は刑罰を与えました。それは人間が自由意志とともに、責任能力をもった存在であることを証明しています。

問17　アダムの犯した罪の結果がなぜ私たちに問われるのですか。

答　この罪は全人類を罪の状態で誕生させる、あらゆる現実の罪の元となったからです。

一人の人によって罪が世に入り、……死はすべての人に及んだのです。すべての人が罪を犯したからです。（ローマ5・12）

問18　アダムの罪と私と、何の関係があるのですか。

答　普通の出生によって生まれる人間は、アダムの罪をもったまま誕生します。このことは、罪の中にある自分自身を、正直に見つめればわかることです。

わたしは咎のうちに産み落とされ、母がわたしを身ごもったときもわたしは罪のうちにあったのです。（詩51・7）

「命はどのように生じたか」という問題は科学ではなく宗教の領域です。したがって、公立学校では教えてくれません。しかし、聖書でも明確な答えを提供しない問題があります。その一つが人類の始祖アダムの罪と私との関係です。「エデンの園でアダムが神の命令を破ったというけれど、私はその場にいませんでした。それなのになぜ、アダムの罪の結果が私に問われるのか」。これは大昔からの疑問です。

「赤ちゃんは罪なく産まれるが、環境によって悪くなっていく」と説く宗教もありますが、聖書にはこのような「性善説」はありません。ダビデはこう言いました。「私は咎のうちに産み落とされ、母が私を身ごもったときも私は罪のうちにあった」(詩51・7)。キリスト教会ではこの問題に対し多くの見解が述べられました。遺伝説、転嫁説などが代表的ですが、わかりやすいのは「代表説」でしょう。アダムは全人類の代表ですから、アダムの罪は全人類の罪なのです。サッカーの試合では同点で決着つかないとき少数の代表者によるPK戦の結果が、勝っても負けてもチーム全体の勝敗となります。25年ほど前、ある日本の少女がオーストラリアの高校に留学しました。オーストラリアには第二次世界大戦で日本軍によって殺された民間人の遺児がいます。あるときその一人が少女に「日本兵が民間人の私のおじいちゃんを殺した」と訴えました。少女が「私はその時まだ生まれていなかった」と言っても相手には通じません。それは加害者の子孫と被害者の子孫の違いです。日本人であるというだけで先祖の罪を背負うことが現実であるなら、神との関係を壊した人類の代表者であるアダムの罪が子孫に突き付けられるのも、やむをえないのかもしれません。

罪とは他人ごとではなく私の問題です。私自身の心の内側に目を向けるなら、確かに私の中には怠惰、高慢、不遜、妬み、嫉妬などあらゆる罪が巣食っていて、自分では解決できません。確かにアダムのDNAは私に及んでいます。ですから私には、神と和解をさせてくださるもう一人の代表者が必要なのです。

問19　罪の結果、何が起こりましたか。

答　世界には自然災害が、社会には不義と混乱が、人には死が入りこみました。

お前のゆえに、土は呪われるものとなった。（創世3・17）
罪が支払う報酬は死です。（ローマ6・23）

問20　人は死んだらどうなりますか。

答　体は元の大地に帰り、霊はこれを与えてくださった神のもとに帰り、神の審《さば》きを受けます。

塵は元の大地に帰り、霊は与え主である神に帰る。（コヘレト12・7）
人間にはただ一度死ぬことと、その後に裁きを受けることが定まっている（ヘブライ9・27）

アダムの罪の結果は全人類の全生活領域とともに、自然世界全体にも及んでいます。「お前のゆえに土は呪われるものとなった」（創世3・17）の「土」は自然を意味します。飢饉、洪水、台風、津波、地震、そして新型コロナもインフルエンザもその結果です。聖書に書かれていないことで私たちが好奇心をもつ疑問ですが、具体的な答えのない問題もあります。それは蚤、しらみ、ごきぶり、蚊など、なぜ神はこのようなものを造ったのかという問題です。神は人間の堕落後に、人間を懲らしめるために土に命じてこれらを産み出させたのであって、天地創造の時に造られたのではないという解釈がありますが、これは思弁にすぎません。私たちはわからないことはわからないとしか答えられません。

問題は「死」です。この世の学問、宗教では死後の世界は想像にすぎません。聖書だけが論理的な答を与えてくれます。人間に命（霊）を与えたのは神である。だから霊は与え主である神のもとに帰る。体は霊の器として用いられたものだから、定められた期間の用が済めばもとの大地に帰る。きわめて明白な答です。体はこの世で生きるための器です。神は一人ひとりに異なった賜物（才能）を与えられました。しかし、人は生まれた時から平等ではありません。「金持ちと貧乏人、主はそのどちらも造られた。……金持ちが貧乏人を支配する」（箴22・2、7）。聖書は私たちのヒューマニズムなど冷たく拒絶しているようです。器の違い、賜物の違いは個性の違いです。

人間の目から見て、ある人には100の才能が、別の人には40与えられたとします。100の人がこの世で50の働きをし、40の人が30働いたとしましょう。この数字はこの世で神と隣人をどれほど愛したかを数値化したものです。人間の目には50と30の違いは明瞭です。しかし、神の評価では前者は50以下ですが後者は75以上となるのです。もちろん自分のことしか考えず、神と隣人を愛さなかった人には最低の評価が与えられるでしょう。

聖書について

問21　死と、その後の審《さば》きから救われるには、どうしたらよいですか。

答　神が私を救おうと、聖書から語っておられる声を聴くことです。

見よ、わたしは戸口に立って、たたいている。（黙示3・20）

問22　神はどのようにして、私に語りかけてくださるのですか。

答　聖書を読み、教会で説教を聞き、お祈りをすると、神が私の心に語りかけてくださいます。

聖書を説明してくださったとき、わたしたちの心は燃えていたではないか。（ルカ24・32）

人は神によって命を与えられ、この世に神の栄光を現す働きをするようにと派遣されました。しかし、全人類の代表者であるアダムの罪のため、この世では「生涯食べ物を得ようと苦しむ」（創世3・17）者となってしまいました。苦労に苦労を重ねた果てに待っているのは死と神の審《さば》きです。何という惨めな一生でしょうか。そして、人間は造り主である神に対して文句を言えるような立場ではありません。しかし、私たちのこの状態を私たち以上に悲しんでおられるのが神です。

日本の法律では製造業において「製造物責任法（PL法）」というものがあります。メーカーが不良品を製造した結果消費者が身体的損害を受けたとき、製造者に責任を問う法律です。これは1995年に新しく制定された法律です。神は人間を製造されましたが、それは製造者の責任ではなく製品である人間の自己責任によって壊れてしまいました。しかし神は直ちに責任を取ってくださり、救済の道、それも完全な救いの道を備えてくださったのです。それは人間が罪を認め悔い改めるなら、完全な人間になる道を与えようとする方法でした。そのために神は新たに律法を与え、正しく生きる道を明示してくださいました。旧約聖書の時代ではそれは預言者の語る説教によって知らされ、これは保存されて旧約聖書となりましたが、新約聖書の時代になると、神は全人類を代表する救い主イエス・キリストを派遣し、この方の十字架の贖罪《しょくざい》という救済事業によって救おうとされたのです。このことを記録したのが聖書です。

現代に生きる人々は旧約聖書と新約聖書に書かれた歴史の出来事（救済史）と神の言葉を読み、教会で聖書を解説する説教を聞き、聖書に教えられている方法で祈ることによって、この神の救済事業に与ることができます。神の御心の全体は聖書を通して、そして聖書を通してのみ知ることができます。聖書は私たちに語りかけてくるのですが、それは実際に私たちがやってみなければわかりません。

問23　聖書はいつ頃、誰が書きましたか。

答　紀元前10世紀頃から、紀元後100年頃までの約1000年間に、モーセをはじめ、有名・無名の多くの聖書記者が、聖書のそれぞれの部分を書きました。

モーセは……十の戒めからなる契約の言葉を板に書き記した。（出エジプト34・28）

問24　人間の言葉で書かれた聖書がなぜ、神の言葉なのですか。

答　書かれた内容が、神に教えられて書いたものだからです。

エレミヤは……主が語られた言葉をすべて巻物に書き記した。（エレミヤ36・4）

日本最古の書物は紀元後8世紀の『古事記』『日本書紀』と言われますが、これらは個人もしくは少数の人によって書かれ編集されました。世界で最も古い「文章」としては、楔形《くさびがた》文字で石に彫られたシュメールの賛歌（紀元前19世紀）、石柱に彫られた「ハンムラビ法典」（紀元前18世紀）、粘土板に書かれた「ギルガメシュ叙事詩」（標準版、紀元前13世紀頃）などがあります。これらは賛歌、法典、神話など、それぞれの文学ジャンルを用いて書かれました。聖書66巻が今の形になるまでには長い生成の期間があり（およそ1000年）、著者と呼ばれる人々は数十人にも及びますので、一般の本の概念と同じように論ずることはできません。

聖書の内容は歴史記述、民族の伝承、系図、詩歌、律法、説教、王の系統史、格言集、伝記、福音書、手紙など多彩なものです。それらは口頭伝承で子々孫々に伝えられた物語や、粘土板や羊皮紙に書いて保存されたものなどの集大成です。執筆期間が1000年以上に及び、著者たちの間に何の連絡もないのに、書かれた内容が一神教やハウェの紹介と信仰的勧めという点において全く一致しているという極めて珍しい本で、同じような本は世界にはありません。聖書は神に出会った人々の証言の書です。神はこれらの人々に働きかけ、それぞれの人格と個性と才能を用いて神の御心《みこころ》を証言するように導かれました。旧約聖書の預言者たちは神に教えられた真理を証言し、自らの信仰を証しする説教をしました。しかし、その説教は時の為政者の悪政や偶像礼拝を糾弾したり、一般民衆の不道徳や倫理を攻撃することもありました。にもかかわらずその説教は社会で秘かに保存され、心ある人々によって後世に伝えられてきました。旧約聖書の共通のテーマは、罪に陥って滅びる人類を救済するためにメシア（救い主）が来られるというメッセージです。新約聖書はこのメシアがイエス・キリストとして来られたことを証《あか》しします。聖書の真の著者である神が聖書記者を導いて教えられた本ですから、聖書は神の言葉なのです。

問25　天地創造など、目撃者がいない出来事は、どのようにして書かれたのですか。

答　神が聖書記者の心に示してくださり、記者は当時の人々に、世界の始まりと、堕落した人間を救う神のすばらしさを伝えようとしました。

神は……大地を空虚の上につるされた。（ヨブ26・7）

問26　聖書は何語で書かれたのですか。

答　旧約聖書はユダヤ人のヘブライ語で（一部アラム語）、新約聖書は当時の世界の公用語であるギリシア語で書かれました。

賢者たちは王にアラム語で答えた。（ダニエル2・4）

わたしはアルファであり、オメガである。（黙示1・8）

聖書の歴史範囲は、アブラハム（紀元前4000年?）から新約聖書（紀元後1世紀）までの長大なものですが、有史以前の歴史についてはダビデ王登場後のイスラエル王国の最盛期（紀元前1000年頃）に書かれました。この時代のイスラエルの勢力圏はチグリス・ユーフラテス川からエジプトまでの広範なもので、イスラエルは周辺諸国の文化、歴史、宗教、軍事力などについてつぶさに調査しましたから、諸外国の宗教や天地創造神話（宇宙開闢説《かいびゃく》）についても熟知していました。

創世記はイスラエル十二部族の古い口頭伝承を資料に編集されましたが、天地創造記述については、聖書編集の作業に当たる祭司や預言者たちによる作品で新しく創作されたものです。彼らは神から霊感を受け、創造主を正しく紹介する意図をもって創世記を編集しました。それは諸外国で拝まれる太陽信仰（ラー）、月信仰（シン）を排除するためです。したがって、聖書の創造記述について、太陽、月、星は、人間の生活のために神が造られた照明道具にすぎないことを強調するため「大きな光る物、……小さな方」（創世1・16）という書き方をしました。蛇の誘惑と人類の堕落、バベルの塔などの記述は原因譚物語《げんいんたん》（ある現象をその原因に遡《さかのぼ》って説明する物語）という古代に共通にあった文学枠組みを用いて構成したものです。したがって、著者は歴史性ではなく「なぜか」の問いへの説明性を強調しました。しかし、それは神に教えられた知識によって書かれましたので歴史的蓋然性もあります。神は古代世界の中で例がなかった一神教をイスラエル民族を用いて広めようとされました。したがって、旧約聖書はイスラエル民族の原語であるヘブライ語で書かれました。しかし少数ながら一部は当時の公用語であったアラム語も用いられています。新約聖書の場合はローマ帝国が世界を支配していた時代の公用語であるギリシア語で書かれました。キリストの弟子であったペトロの説教はヘブライ語でなされましたが、通訳によってギリシア語に翻訳されました。

問27　旧約聖書には何が書かれていますか。

答　神が与えた戒めを守って生きるという、神と民との旧《ふる》い契約と民の応答、そして、救い主が来られる約束が書かれています。

見よ、わたしがイスラエルの家、ユダの家と新しい契約を結ぶ日が来る。（エレミヤ31・31）

問28　新約聖書には何が書かれていますか。

答　約束どおり来られた救い主イエス・キリストが成就された救いの約束、弟子たちが行った教会を建てるわざが書かれています。

わたしはこの岩の上にわたしの教会を建てる。（マタイ16・18）

聖書は読者の理性、感情、心に響かせて神の御心を教えるという目的で書かれました。したがって、教え、教訓、警告、鼓舞、慰めを語る聖書は読者に、神への畏敬、驚き、感謝、そして悔い改めを起こさせます。それは著者である神が人格を持った方であることを表します。箇条書きで書かれる規則、取り扱い説明書、備忘録のような事務的な書き方ではありません。聖書の歴史記述はこの世の歴史を信仰によって解釈した神の歴史（His Story）であり神の救いの歴史（救済史）です。したがって、読者は神から人への働きかけに対して人格的な応答が求められます。すなわち戒めを守り、命令には従い、威嚇にはおののき、救いの約束については感謝して信じるのです。

旧約聖書はイスラエルが、アブラハムという一個人から始まり建国するまでの神の導きと、それにもかかわらず神の戒めに逆らって偶像礼拝に陥り国が滅びた歴史を、負の面（罪の歴史）を中心に描きます。これは世界のどの国でも、自国の歴史を都合の良いことだけを選択して記すこととの大きな違いです。預言者たちは民を戒め、神の与えた律法（その要約は神を愛し隣人を愛すること）に従って生きるようにと勧告したのに、民は神の戒めを捨て、己の欲望に従って生きることを選択したのです。旧約聖書の中心は悔い改めの要求と、それとともにメシア（救い主）来臨の約束に希望をもつようにと書かれています。

新約聖書は、旧約聖書が予言したメシアが救い主イエス・キリストとして来られたことを証言し、この方が神の御子として行った数多くの奇跡と説教を収録しています。これを福音（良いニュースの訪れ）とよびます。新約聖書の中心はイエス・キリストが人類の罪を代表して償うために十字架にかけられたこと。しかし、三日後に復活し、弟子たちを訓練し教会を建てたこと。特に使徒パウロが用いられて世界宣教の業をなし、ローマ帝国支配下の地中海世界一帯に多くのキリスト教会が建てられた様子を描きます。

イエス・キリストについて

問29　救い主イエス・キリストはどのような方ですか。

答　キリストという仕事をなさるイエスは神の独り子で、神と人との仲保者《ちゅうほしゃ》です。

神は唯一であり、神と人との間の仲介者も、人であるキリスト・イエスただおひとりなのです。（Iテモテ2・5）

問30　キリストとはどういう意味ですか。

答　神の霊によって「油注がれた者」（メシア）という意味で、私たちを救うための特別な仕事の職務名です。

「あなたはメシア、生ける神の子です。」（マタイ16・16）

すべてのことは、父からわたしに任されています。（ルカ10・22）

イエスはヘブライ語ホシュア（神は救う）のギリシア語訳「イェースース」で、ユダヤ人によくある名前です。キリストはヘブライ語メシーアハ（油注がれた者）のギリシア語訳「クリストス」で職業名です。古代イスラエルでは王、預言者、祭司の任職式にオリーブ油を頭に注ぎましたのでこのようによばれます。この三職を一人で同時に実行したのは出エジプトの立役者モーセだけでした。それでイエス・キリストは旧約聖書で「モーセの再来のような預言者」が来る、と預言されていました（申命18・15）。仲保者とは神と人とを仲介する役目ですが、この世の仲介者（不動産取引の仲介業者、メーカーと小売店をつなぐ卸売業者など）と区別するために造語されたキリスト教専門用語です。旧約聖書で、モーセが神とイスラエルの仲保者として神と人との仲介人を務めたように、キリストも神と人との仲を取り持ち、和解させるために特別に選ばれた人です。

人間にはなぜ仲保者が必要なのでしょうか。それは神と人との間の正常な関係が壊れているということが大前提だからです。誰かが両者の和解の仲介をしなければなりません。しかし、罪ある人間は絶対的に聖なる神の前には立つことができません。旧約時代の人々は犠牲を携えて祭司の前に立ち、罪の告白をし、滅ぶべき自分の身代わりとして犠牲の家畜を献げて礼拝をしました。この犠牲は何度もくりかえして行わねばならない不十分なものでしたが、イエスは全人類の罪を担って身代わりとなる完全な罪なき羊としての「大祭司」（ヘブライ7・26～28）でした。この世の仲介者は売りたい人と買いたい人との間を取りもちます。不動産業者は大家さんと借り主の間を取りもちます。この人は両者から信頼されないと仕事ができません。神と人との間の仲保者も神に信頼され、その資格を認めてもらわねばなりません。しかし、そのような人物が人類の中から出てくるでしょうか。イエス・キリストがヨルダン川で洗礼を受けられたとき、「これは私の愛する子、私の心に適う者」という声が天から聞こえました（マタイ3・17）。

問31　イエス・キリストはどのようにして生まれましたか。

答　処女《おとめ》マリアは、聖霊の力によって、イエスを胎に宿しました。そのようにして、イエスは罪なしに生まれました。

聖霊があなたに降り、……生まれる子は聖なる者、神の子と呼ばれる。（ルカ１・35）

問32　イエス・キリストは、なぜ私たちと同じ生まれ方ではなかったのですか。

答　有性生殖行為によって生まれる人間は、生まれたときから罪を背負っているからです。

母がわたしをみごもったときも、わたしは罪のうちにあったのです。（詩51・7）

クリスマス物語の中心点は天使ガブリエルと処女《おとめ》マリアの会話です。「アヴェ（おめでとう）・マリア、あなたは神から恵みをいただいた。あなたは身ごもって男の子を産むが、その子をイエスと名付けなさい。」「どうしてそのようなことがありえましょうか。私は男の人を知りませんのに」（ルカ1・26〜38）。聖書を知らない人でも知っている、有名な処女降誕告知の場面です。多くの学者がこれを幼稚な神話だとします。科学で説明できない現象はすべてフィクションであると断定し、それ以上まじめに研究しようとはしません。しかし、聖書を自分の理解力の中に閉じ込めようとする傲慢な者に、神がねんごろに語って教えてくださるはずがありません。したがって、そのような人は聖書理解の次のステップに進むことはできません。「なぜ処女でなければならなかったのか」「神はわざわざ救い主を赤ちゃんからスタートさせなくても、人類を代表させる天使を遣わせばよかったのではないか」などの疑問をもってさらに聖書研究するとき、イエスの特別な処女降誕の意義と神の恵みを発見することができます。聖書はマリアの懐妊は聖霊の力によるものだと説明します。聖霊の力とは、この懐妊は神の一方的な介入であると言いたいのです。それほどまでにイエスの誕生は神が全身全霊を込めて計画なさった出来事でした。それは人類を救うための並々ならぬ神の熱情の現れです。

生殖行為は神が命を産み出すために考案された聖なる方法です。神は「産めよ、増えよ、地に満ちよ」とこれを祝福されました。しかし、堕落の結果、それは呪うべきものとなりました。「お前は苦しんで子を産む。お前は男を求め、彼はお前を支配する」（創世3・16）。男女平等であるはずの行為に入り込む不純な動機と支配関係、そして苦痛が入りこんできました。神の作品である最も美しい「性」が「聖」でなくなったのです。したがって、天使よりもはるかに優れた神の独り子が肉を取って地上に降りて来られるには、呪うべき生殖行為によって生まれてこられるはずがないのです。

問33　イエス・キリストが「生まれた」ということに、何か意味があるのですか。

答　神であるイエス・キリストは真の人間として、また過去・現在・未来、すべての人間の代表者となるために「生まれ」ねばならなかったのです。

この大祭司は、わたしたちの弱さに同情できない方ではなく……あらゆる点において、わたしたちと同様に試錬に遭われたのです。（ヘブライ4・15）

問34　人間にはなぜ代表者が必要なのですか。

答　罪ある人間は誰も神の前に立つことはできません。イエス・キリストはすべての人間を代表して神の前に罪の償いをされ、罪の結果の死を滅ぼされました。

人はわたしを見て、なお生きていることはできない。（出エジプト33・20）

イエスは病人を癒し、死人をも生き返らせる力を持った真の神でした。全人類を救う力を持つ方は神だけです。しかし、全人類を代表して罪を償うためには、この方は真の人間でなければなりません。もし天使が人間世界へ遣わされ、想像を絶する光り輝く姿で「悔い改めよ」と説教するなら、誰でも心打たれて回心するでしょう。しかし、そのような漫画チックな方法を神は取られません。天使は人間ではありませんから、誰もがもつ苦しみ、弱さ、痛みなどは知りません。全人類を代表する者は真の人間でなければならないのです。真の神であり同時に真の人間、しかし罪はない。そのような存在が誕生する方法。それが処女降誕でした。

岩から生まれた孫悟空は猿ではありません。スーパーマンは人間ではありません。イエスは誰の目にも真の人間でした。スタートの時から普通の赤ちゃんと同じように授乳を受け、眠り、排せつしました。幼少時には他の子どもと同じようにシナゴグの寺子屋で勉強し、成人してからは一家の大黒柱として父の仕事を継承しました。イエスは生まれ育ったナザレと近郊のカファルナウムで、この世界の有様をつぶさに見たのです。駐屯地のローマ兵、奴隷。傲慢な金持ちとみすぼらしい貧乏人、乞食、寡婦。回復の見込みのない病人、売春婦となるしか生きる道がなかった可哀そうな女たち。鎖に繋がれてカイザリア港に連れて行かれる戦争捕虜たち。神が造られた世界になぜこのような不幸があるのか。これを真剣に考えたのは誰よりも、イエスでした。イエスが神の子であり全人類の代表として遣わされたと自覚したのはいつだったのでしょうか。聖書を読み、預言者の声を聖書から聞き、メシア預言を学ぶ中で次第にその自覚は深まっていったのでしょう。しかし、父ヨセフ亡き後、母マリアと多くの弟、妹たちを養う必要がありました。弟たちに家族を任せることができるようになったのは三十歳を過ぎてからです。イエスは自分の使命を十分に熟慮した上で公生涯をスタートさせました。

問35　イエス・キリストが神であり人であることを、何とよびますか。

答　二性一人格です。イエス・キリストの中に人を救うための神の力と性質と、人間そのものの性質がありました。しかし、罪はありませんでした。

聖であり、罪なく、汚れなく……もろもろの天よりも高くされている大祭司（ヘブライ7・26）

問36　イエス・キリストはどのようにして、すべての人間の罪を償ったのですか。

答　十字架の刑という、人類史上最も苦しい死に方をすることによってです。

血を流すことなしには罪の赦しはありえないのです。（ヘブライ9・22）

イエスの十字架刑は、初代教会の伝道活動にとって最初はマイナス要因でした。ユダヤ人にとっては最悪の死に方でした。「木にかけられた死体は、神に呪われた者」(申命21・23)だからです。「木にかけられた者がなぜ神の子なのか」。さらにギリシア、ラテン世界では「人に殺されるような者が神であるはずがない」という当然の批判がありました。これを合理的に弁解しようとして、ある者は「イエスが洗礼を受けたとき、人間イエスに神キリストが降臨した。十字架にかけられたのはイエス・キリストから神キリストが抜け出た後の人間イエスだけだった」と主張しました(ケリントスの異端説)。これは贔屓《ひいき》の引き倒しでした。

イエス・キリストは受肉された神です。その中に真の神性と真の人性が同時に存在しました(二性一人格)。両者は混じり合ったのか、融合したのか。この難しい問題が初代教会の中で議論され決着を見るまでには300年以上を要したのです。ニカイア信条(325年)ではこのように告白しました。「……キリストは……御父より生まれ、光より出でたる光、真の神より出でたる真の神、造られずして生まれ、御父と同質……」。

十字架刑とは人類が発明した最も残虐な処刑法です。ローマではこれは市民権をもった者には適用せず、ローマに対する反逆罪に適用しました。囚人は十字架に釘付けされ息絶えるまで放っておかれたのです。しかし、イエスの場合は処刑日が金曜日で翌日は安息日でしたので、無理やり足を折って死期を早めようとしましたが、すでに息引き取られていましたので、その日の内に埋葬されました。昨夜からの徹夜の裁判と鞭打ちで、もう息絶え絶えだったのです。イエスはユダヤの神冒瀆罪で訴えられたのですから本来なら石打の刑でした。しかし、たまたまローマへの反抗罪で逮捕された三人の囚人のために三本の十字架が用意されていましたので、成り行きでイエスは十字架にかけられたのです。しかし、これは神の摂理でした。イエスは弟子たちに、自分が十字架で殺されることを三度も予告していました。

問37　イエス・キリストは、人々に何を教えましたか。

答　天地創造以来の神の御心と計画、私たちがこの世でなすべきことについて教えました。

こう書いてある。「わたしの家は祈りの家と呼ばれるべきである。」ところが、あなたたちはそれを強盗の巣にしている。（マタイ21・13）

問38　私たちがこの世でなすべきこととは何ですか。

答　神を愛し、隣人を愛し、神を喜び、神の栄光を表すことです。

あなたの神を愛しなさい。……隣人を自分のように愛しなさい。（マルコ12・30、31）

主を喜び祝うことこそ、あなたたちの力の源である。（ネヘミヤ8・10）

神は人格神を知らず、偶像礼拝が当たり前であった古代世界の中で、人間と神が愛によって人格的に交わる生活という生き方（宗教）を教えようとされました。そのために用いられたのがイスラエル民族（後のユダヤ人）でした。しかし、ユダヤ人たちは、自分たちが神に特別に選ばれた民だという選民意識をもち傲慢になりました。さらに、聖書の宗教（ヤハウェ教）を律法主義的な「ユダヤ教」に変質させてしまいました。イエスはこれを批判して元の聖書の宗教にリフォーム（宗教改革）されました。これは聖書を自分たちに都合のよいように解釈するユダヤ人の批判を招き、ついにイエスは十字架にかけられて殺されてしまいました。

イエスが命をかけて教えたのは、生活のすべてにおいて神中心に考え、神を愛し、神を喜び、祈りによって神と共に生きる素朴な生き方でした。しかし、罪ある人間はすべてを自分中心に考え、自分にとって得になるかどうかが価値判断となり、隣人を愛するよりは隣人を虐げ、自分の欲望を追求する生き方に陥ってしまいました。旧約聖書の時代、このような民に対して神はくりかえし預言者によって警告を与え続けられました。基本的にはイエスも預言者たちと同じ説教をしたのです。それはいつの時代でも同じ神の御心で、これは「十戒」において要約されていました。これをさらに要約してイエスはこう言われました。「心を尽くし、精神を尽くし、思いを尽くして、あなたの神を愛しなさい。……隣人を自分のように愛しなさい」（マタイ22・37〜39）。

「神を愛する」とは抽象的な言い方です。ユダヤ人たちは「神を愛するなら、神を信じない異邦人を殺すべきだ」と極端な主張をしました。現代の宗教原理主義者と同じです。しかし、イエスは「神を愛するとは、隣人を愛するという具体的な行為によって示される」と言われました。私たちが隣人を愛し、自分の損になっても隣人の幸福を願う姿、そこに神の栄光が現れます。

問39　キリストは死んでしまって、今はもういないのですか。

答　いいえ。十字架にかけられて死んだ後、三日めに復活されました。そして、今も生きておられ、私たちの祈りを聞いてくださっています。

神はイエスを死者の中から復活させてくださった。（使徒13・30）
わたしは世の終わりまで、いつもあなたがたと共にいる。（マタイ28・20）

問40　キリストはどのような形で、今おられるのですか。

答　キリストは復活後、天に昇られましたが、聖霊なる神を私たちのために派遣してくださり、私たちの心の中と教会の中に住んでおられます。

父は別の弁護者を遣わして、永遠にあなたがたと一緒にいるようにしてくださる。（ヨハネ14・16）

イエスはユダヤ人たちの嫉妬と妬みで殺されました。総督ピラトは「人々がイエスを引き渡したのは、妬みによるためだと分かって」いました（マタイ27・18）。「しかし、神はこのイエスを死の苦しみから解放して、復活させられました」（使徒2・24）。十字架で死んだイエスが埋葬されたのは金曜日の夕方でした。ユダヤの暦では太陽が沈むと直ちに翌日の土曜日（安息日）になります。そして週の初めの日の早朝、女たちが墓に向かいましたが、墓は空っぽでした。したがって「三日めの復活」とは足かけ三日ということです。

初代教会の伝道説教の基本は「ナザレのイエスは復活した」。それはイエスが「死」を滅ぼしたことです。これは新約聖書の中で福音書よりも早く書かれたパウロの手紙が強く主張していることです。パウロはイエスの復活の事実には、目撃証人が五百人以上いると訴えています（Iコリント15・6）。イエスの復活は私たちの復活の根拠です。

イエスは復活後、40日にわたり弟子たちにその姿を現し、教会を建てるための特訓を授けた後、天に帰れました。そして神の右の座（権力と実行力の象徴）に着座され、私たちのために執り成しをされています。そして地上の信徒のためには、イエスに代わる「聖霊」を遣わされました（ヨハネ14・16、17）。この方の主な仕事は、人の心の中と教会の中に住んで内側から清め、聖書を理解させる働きです。イエスはなぜ聖霊にバトンタッチされたのでしょうか。それはキリストが見える状態でいつまでも地上におられ、様々な場所で行われる礼拝のすべてに、見える形で臨在されるなら人間は混乱してしまうでしょう。各地の礼拝に復活のキリストが臨在されるというのは、聖霊が信者たちの心に証ししてくださる働きによるのです。

聖霊は教会を聖霊降臨（ペンテコステ、使徒2・1〜4）によって誕生させ、この日以来教会の「聖」を守る働きをされています。教会の自浄作用である宗教改革をさせる原動力も聖霊のなさる御業です。

聖霊について

問41　聖霊は私たちの心の中でどのように働いておられますか。

答　聖霊は聖書の言葉とともに働き、私たちの心に、「イエスは私の主である」と告白する信仰を起こさせます。

聖霊によらなければ、だれも「イエスは主である」とは言えない（Ｉコリント12・3）

問42　聖霊は教会の中でどのように働かれるのですか。

答　聖霊は教会の礼拝において、説教、讃美、祈りなどを用い、聴衆の心に今おられる復活の主イエス・キリストを映し出します。

聖書を説明してくださったとき、私たちの心は燃えていたではないか（ルカ24・32）

パウロは「あなたがたの体は、神からいただいた聖霊が宿ってくださる神殿だ」と言います（Ⅰコリント6・19）。これはクリスチャン一人ひとりのことです。またパウロは「あなたがたは、自分が神の神殿であり、神の霊が自分たちの内に住んでいることを知らないのですか。……あなたがたはその神殿なのです」とも言います（Ⅰコリント3・16、17）。これは教会のことです。聖霊は父なる神とキリストから、私たちのために派遣された神で、私たちの心の中と教会に住まわれます。その中心的な働きはキリストと私たちを結び付けることです。復活のイエスはエマオへの旅路にあった二人の弟子たちに現れましたが、その姿をわざと隠しておられました。道中で十字架のイエスの話題になりましたが、イエスは「私だよ」と正体を現したのではなく、わざわざ聖書研究会を行い、「（旧約）聖書全体にわたり、ご自分について書かれていることを説明された」（ルカ24・27）のです。聖書なしでキリスト教信仰に至ることはないのです。聖霊は神ですから、奇跡を用いて無理やり私たちの心を開くこともできるはずです。しかし、そうはなさいません。

神の声は聖書を通して語られ、人は聖書によってキリストに出会うのです。聖霊は教会の礼拝の中で特別に働かれます。礼拝はその場に臨在される復活のキリストを拝むことですが、見えないキリストをどのようにして拝むことができるのでしょうか。それをなさるのが聖霊です。教会の牧師は見えないキリストを聴衆の心のスクリーンに映し出すために、日ごろから聖書を研究し説教を訓練します。牧師の力量を映写機の光源に例えるなら、そのワット数が大きくてレンズが磨かれているほど明るく映し出すことができます。しかし、聴く聴衆の心のスクリーンが汚れていたら映し出すことができません。聴衆も礼拝前日から祈りをもって準備することによって心のスクリーンを真っ白に洗濯するのです。礼拝におけるキリスト臨在のリアルさは、聖霊が説教者の努力、司式者や奏楽者、そして聴衆を含めた教会全体の信仰を用いてなさる産物です。

教会について

問43　教会とは何ですか。

答　人類の中から神に選び出された人々の群れで、この神の民が集まる公的礼拝はキリストの体を構成します。

教会はキリストの体であり、すべてにおいてすべてを満たしている方の満ちておられる場です。（エフェソ1・23）

問44　公的礼拝とは何ですか。

答　家庭礼拝や個人礼拝ではなく、教会で主の日に行われる公の、最も中心的な神礼拝です。主の名の下に行われる週日の祈禱会《きとうかい》、学び会なども公的礼拝です。

週の初めの日、わたしたちがパンを裂くために集まっていると、（使徒20・7）

二人または三人がわたしの名によって集まるところには、わたしもその中にいる（マタイ18・20）

教会とは建物ではなく教会に集う教会員全体のことです。世界には一つの教会しかありません。これは過去・現在・未来の、世界のあらゆる地から呼び出された神の選びの民の全体で、これを公同の教会とよびます。各地に立てられた個々の教会は公同教会の一つひとつの肢で時間の中に現れます。それがキリストの体を構成するというのは、礼拝の中心に復活のキリストが臨在されるからです。日本のキリスト教の教派数は三百を超えます（文化庁宗教年鑑）。なぜこのように分裂しているのでしょうか。それは教理の解釈の違いにもよりますが、日本では独特の「単立教会」があるからです。敗戦後の日本に、欧米各地から来た多くの宣教師が無制限に宣教した結果です。世界諸地域の教派がそのまま日本に輸入されました。

人の目には多くの群衆が集まる礼拝の方が、より大きく輝くように見えます。しかし、その集会が自分たちの感情を喜ばせるような自己満足な集会であるなら、キリストはその場におられないかもしれません。キリスト教は世界のどの民族の中にも広がっていますから、民族や文化の違い、また喜びの感情表現にも違いがあります。にぎやかな楽器を用いる讃美もあれば、静かに聖書のみ言葉を瞑想する礼拝もあります。どれが正しい礼拝かは神の判断を待ちますが、その礼拝の結果、聖書のみ言葉が聴衆の心に残るなら、それは正しい礼拝です。教会活動で最も重要なものは主の日（日曜日）の礼拝です。それはキリストが私たちを教会堂に公に招かれる日ですから、真っ先に礼拝に駆け付けるのは私たちの義務で、これを公的礼拝とよびます。週日に行われる祈禱会《きとうかい》や聖書勉強会なども、キリストの名によって集まる集会ですから公的礼拝の一部です。それとともに、クリスチャンは家庭や職場で私的礼拝を行います。礼拝は一人でもできますが、二人三人が心寄せ合ってキリストを讃美し、聖書を読み、祈りをささげる礼拝の場に、復活のキリストは喜んで参加してくださいます。

礼拝について

問45　主の日の公的礼拝では、何が行われますか。

答　聖書の朗読と説教、讃美と献金。時によって洗礼式と聖餐式が行われます。

彼らは、使徒の教え、相互の交わり、パンを裂くこと、祈ることに熱心であった。（使徒2・42）

問46　公的礼拝の最も大切な要素は何ですか。

答　私たちを礼拝に招いてくださる神をほめたたえ、礼拝の場に臨在されるイエス・キリストを拝むことです。

父はこのように礼拝する者を求めておられる（ヨハネ4・23）

日曜日に行われる礼拝を公的礼拝とよびます。これは「週の初め」をどう考えるかによって違います。初期のキリスト教徒たちは毎日エルサレム神殿で集会を行っていましたが、次第にユダヤ教から決別して独自の集会を行うようになりました。キリストの復活は週の初めの日でした。それ以後どういうわけかキリストが弟子たちの前に姿を現されたのは週の初めの日でした（ヨハネ20・1、19、26）。そこからキリスト教徒たちはユダヤ教の安息日礼拝から意識的に週の初めの日を「主の日」として礼拝するようになりました。

この世には二種類のカレンダーがあります。月曜日スタートのカレンダーを採用する人は、新しい週が始まると仕事に出かけ、必死に働いて日曜日にバタンキューと休息するというローテーションです。しかし、日曜日スタートの人は、日曜日に教会で復活のキリストから霊の糧をいただき、世の中に出かけて週末まで働く力を与えられるのです。したがって、日曜日は公的礼拝の日なのです。日曜日の礼拝はどんな人でも参加できます。礼拝プログラムを見れば何をするのかが一目瞭然です。礼拝の構成は神の側からの呼びかけ（礼拝への招きの言葉、聖書朗読と説教、祝福など）と、会衆の応答（讃美、信仰告白、献金など）の組み合わせによって構成されています。教会によっては毎月第一主日に聖餐式を行う教会が多いでしょう。また、新来会者の信仰が育つとその人に洗礼式が執行され、その教会の会員として迎え入れられます。

日本の神社や寺には「御神体」とか「御本尊」とよばれるものがあります。寺によっては御本尊の仏像をいつも観覧できるようにはせず、七年に一回だけとか十年に一回だけ「開帳」することによって、その有難味を人為的に演出しています。キリスト教会には目に見える「御神体」はありません。復活のキリストがどの教会にもおられるからです。礼拝で最も大切なのは儀式の厳かさや装飾の華麗さではなく、礼拝の場に臨在されるキリストを拝むことです。

問47　キリストを拝むとはどういうことですか。

答　信仰によって、キリストに祈りと讃美と愛をささげ、キリストに従う決心をするということです。

わたしについて来たい者は、自分を捨て、日々、自分の十字架を背負って、わたしに従いなさい。（ルカ9・23）

問48　罪ある私たちがなぜ礼拝に招かれるのですか。

答　イエス・キリストの十字架の功績によって、神と私たちとの交わりを妨げていた罪が赦されたからです。

十字架の血によって平和を打ち立て、……御自分と和解させられました。（コロサイ1・20）

東京赤坂のある仏具店が地下鉄銀座線の構内に看板を出していました。そこには弥勒菩薩《みろくぼさつ》の写真とともに「心は形を求め、形は心を勧《すす》める」という宣伝文句が掲げてあります。見えないものを拝むことができない心は何かしら形ある物を求め、逆に形がある宗教的なものに、心は魅かれていくというわけです。しかし、聖書はこれらの動作を偶像礼拝として禁じています。イザヤは今から2700年以上も前に、最大の皮肉をこめてこう言っています。「(木工は)木材の半分を燃やして火にし、肉を食べようとしてその半分の上であぶり、……残りの木で神を、自分のための偶像を造り、ひれ伏して拝み、祈って言う。『お救いください、あなたは私の神』」(イザヤ44・9〜17)。これに対し聖書は拝むということは動作ではなく、神を愛する主体的な生き方であると言います。自分の人生をキリストにささげ、神と共に歩むことです。

さて、神社に詣でる人は入り口で手を洗い口をすすぎます。神聖なる場にふさわしくない俗なる自分の存在を清めようとする行為です。これは昔、高貴な家を訪問するときのエチケットだったものの名残でしょう。私たちは教会の礼拝に出席するにあたって、自発的に身を清めて会堂に入る必要があるでしょうか。もちろん人が多く集まる場所ですから、この世の常識に従って身なりを整え、不潔でない服装で入るべきです。コロナ禍の現代では消毒も必要です。これは対人関係です。対神関係についてはどうでしょうか。手足は消毒できますが、心はどのようにして消毒すればよいでしょうか。私の心は罪で真っ黒ですから、神の前に出る資格があるでしょうか。「人はうわべを見るが、主は心を見る」(サムエル上16・7)。神が罪人の私を受け入れてくださるのは、私の身代わりとなって罪を償ってくださったイエス・キリストの功績です。この方を私の救い主と信じる者の罪を神は赦し、礼拝に招いてくださいます。私が自分の都合で礼拝に詣でるのではなく、神の招きに従って、へりくだって応じるのです。

問49　礼拝はどのようにして私たちの信仰を育てるのですか。

答　礼拝のすべてが私たちの信仰を成長させますが、特に聖書の御言葉と、礼典と祈りが私たちを育てます。

イエスは……聖書を朗読しようとしてお立ちになった。（ルカ4・16）

問50　御言葉はどのようにして、私たちの信仰を育てるのですか。

答　聖霊は御言葉を用いて私たちに罪を教え、罪を憎み、神を愛する心を育てます。

あなたの御言葉は、わたしの道の光　私の歩みを照らす灯。（詩119・105）

聖書はすべて神の霊の導きの下に書かれ、人を教え、戒め、誤りを正し、義に導く訓練をするうえに有益です。（Ⅱテモテ3・16）

私たちに信仰を与えこれを育てるのは聖霊の業です。聖霊は私たちの心の中に住んで内側から清めてください ますが、様々な手段をも用いられます。その最も重要なものが礼拝でなされる聖書の朗読とその説き明かしである説教です。さらに洗礼、聖餐式という儀式、また祈りが用いられます。

聖書がまだ編集されなかった時代には、祭司が神と民の仲介者として、犠牲をささげて罪の赦しを求めました。また神の言葉を預かった預言者が説教しました。イスラエルの滅びを預言した預言者は迫害されましたが、現実に国が滅び、民がバビロン捕囚となると、エルサレム神殿を中心にした祭儀礼拝は不可能になりました。捕囚の地での礼拝は、古くから伝わっていたモーセ律法の朗読に加えて、預言者が語った説教の保存が意識的になされ、それらの言葉を朗読し解説することが礼拝スタイルとなりました。なぜなら、それらは神の裁きによって示された神の意思と、イスラエルの罪の懺悔《ざんげ》の継承だったからです。

捕囚からの帰国後、民は神殿を再建（紀元前515年）しましたが、聖書朗読という礼拝スタイルは継続されました。「民は律法の書に耳を傾け、……（祭司が）神の律法の書を翻訳し、意味を明らかにしながら読み上げたので、人々はその朗読を理解した」のです（ネヘミヤ8・1〜8、紀元前400年頃）。このようにして礼拝には聖書朗読が不可欠のものとなりました。礼拝の中心点は聖書朗読によって神の御心を再確認することだからです。

キリスト教会誕生後には旧約聖書に加えて、使徒たちの手紙が、次に福音書が聖書として保存され、各地の教会で朗読されました。イエスの行動を追憶し、その教えを再現することが礼拝の役目でした。どんな宗教でも信仰の基本的教理は時代の価値観の変化に流されますが、キリスト教は「付け加えることも取り去ることもできない」（黙示22・18、19）、閉ざされた聖典を用いることによって信者を正しく導き育てるのです。

礼典について

問51　礼典とは何ですか。

答　キリストが定められた、公的礼拝で行われる儀式です。

彼らに父と子と聖霊の名によって洗礼を授け、あなたがたに命じておいたことをすべて守るように教えなさい。（マタイ28・19）

問52　礼典はいくつありますか。

答　洗礼式と、聖餐式の二つです。

人々は洗礼を受け、……パンを裂くこと、祈ることに熱心であった。（使徒2・41、42）

「礼典」とはキリスト教が日本に宣教されたことによって造られた造語です。「典礼」とは定まった儀礼、儀式を意味する言葉で、日本では葬儀社の名前になっています。漢字「典」の語源は書物を表す「冊」と、足のついた台を表す「丌」とが合体して作られました。台の上に書物が大切に備えられている情景です。礼儀正しく何かを運んだり、何かの行事をすることを意味します。神殿が存在した時代では、神殿で行われる礼拝には様々な儀式がありました。その中の重要な儀式として、男の子が誕生して八日めに「割礼」を行うことと「過越祭」を行うことがありました。イエス・キリストは旧約聖書の二つの礼典をそのまま継続するのではなく、新しい解釈を施し、割礼の代わりの「洗礼」、過越祭の代わりの「聖餐式」、この二つだけを守るようにと命令しました。「割礼」は男子の性器の先端の包皮を切り取る儀式で、これは古代民族に以前からあった男子の通過儀礼であり、砂漠地帯での保健衛生上の知恵でもありました。また性器は命を生み出す器官でもありますので、神が「この子は私の子である」と言われるにふさわしい儀式でした。イエス・キリストはこの儀式を新しく男女に広げ、すべての者の信仰告白の印として「水で清める」儀式を命令されたのです（マタイ28・19）。

聖餐式はイエス・キリストが「最後の晩餐」によって制定された儀式です。イエスは十字架にかけられる前の夜、十二弟子たちと「過越祭」をされました。これはユダヤ人が毎年守らねばならない三大祭の一つで、特別な夕食をする春の祭りです。イエスはこの祭りを廃止し、別の新しい意味を与えて聖餐式とされました。それは十字架にかかって殺されるイエスの体と血を象徴するパンとぶどう酒を皆で食べるという儀式です。イエスはこれから何が起こるかをこれによって予告するとともに、イエスが取り去られた後の教会を配慮されました。なぜなら教会はキリストの体だからです。

問53　洗礼式とは何ですか。

答　「キリストは私の救い主である」と信仰告白をした人が、神の救いに入れられたことを示す儀式で、聖霊が清めてくださることを水で表します。

キリストの名と……神の霊によって洗われ、聖なる者とされ、義とされています。（Ⅰコリント6・11）

問54　幼児も洗礼を受けるのですか。

答　そうです。親の信仰のゆえに家族も皆、救いに入れられます。

この約束は、あなたがたにも、あなたがたの子供にも、……主が招いてくださる者ならだれにでも、与えられている（使徒2・39）

洗礼という、水で身を洗い清める儀式はユダヤ人の中にもありましたし、日本人の場合は禊《みそぎ》という儀式があります。体を洗って清潔を保つことは保健衛生上当然のことですが、これを宗教的に用いると、世俗の垢を洗い流して真っ新《さら》な自分になるという意味が生じます。しかし、その体は再び汚れますから、禊は何度でも行われます。イエスより半年先に生まれた洗礼者ヨハネは、それまで行われていた日毎の水の禊に新たな意味を付け加えました。それは世俗の罪を洗い流すことではなく「罪の悔い改め」の洗礼でした。

水が清めるのは体であって霊ではありません。洗礼は同じ水を用いますが「聖霊が清めてくださる」ことを水で現す行為です。動作は同じでも意義が違うのです。ユダヤ人の洗礼は度々必要でしたが、キリスト教の洗礼はその人の生涯で一回だけで十分です。幼児も洗礼を受けるのは旧約聖書の割礼に倣ってのことです。神はアブラハムに割礼を命じられ、アブラハムは奴隷を含めた家族全員に割礼を施しました（創世17章）。家族と一族郎党の代表者である家長は、構成員全員の生活と信仰の代表者だったからです。

新約聖書では男女ともに洗礼を受けることになりました。神との救いの約束の契約は、福音によって男女の区別なく広がったのです。新約聖書ではパウロがフィリピで、牢の看守家族一家に洗礼を授ける場面があります（使徒16章）。この中に幼児がいたとも、いなかったとも記されていないのは、幼児を特別視していないことです。パウロは家族全員に洗礼を授けました。信仰共同体には個人の入会もありますが、家族単位での入会もあったのです。聖書は幼児洗礼について特別な言及をしていません。しかし、現代の教会では、幼児洗礼の可否について理解が分かれる場合があります。それは個人の自覚的信仰について真剣に考えた結果です。洗礼は古い自分に死んで、新しい自分に生まれ変わることの象徴ですから、その自覚をもたない幼児に洗礼を授けることができるのか、この難しい神学問題については次の問いでさらに考察します。

問55　幼児は自分で信仰を言い表すことができなくても、洗礼を受けるのですか。

答　そうです。洗礼は「これは私の子である」と言われる神の宣言を、教会が見える形で表すものだからです。

子供たちをわたしのところに来させなさい。妨げてはならない。（マルコ10・14）

問56　幼児が洗礼を受けると、どうなるのですか。

答　その子供の名前が教会員として正式に教会名簿に登録され、両親ばかりでなく、神と教会の祈りと教育と配慮のもとに置かれます。

イエスは知恵が増し、背丈も伸び、神と人とに愛された。（ルカ2・52）

「幼児洗礼」について、キリスト教会には洗礼を大人に限定する教派と赤ちゃんにも施す教派に分かれます。それは洗礼の理解に違いがあるからです。幼児洗礼反対の立場を一言でいうと「責任をもって信仰告白した者への洗礼でなければならない」というものです。洗礼は教会への加入式ですから、キリスト教についての理解を伴わない儀式は形式的なものになるということへの懸念です。したがって、大人が洗礼を受けるためには洗礼準備会が行われます。本人に十分な知識と信仰が認められないのに洗礼を施すなら形骸化します。洗礼とは本人が自分の責任で教会の会員になるという誓約式だと、この教派は考えるからです。

他方、幼児洗礼を認める教派の解釈を一言で言うなら「神との契約」です。「この子はまだ洗礼の意味を理解できません」という人間側の都合ではなく、神の「これは私の子である」という宣言を教会が形にあらわすものだと考えるのです。旧約聖書において割礼は生後八日めに行われました。それは親の信仰のゆえです。「この子をあなたにささげます」ではなく「この子はあなたからの授かりものです」という親の信仰告白でした。したがって、幼児洗礼の前には、親に対して、「この子を責任をもって信仰教育します」との誓約が求められます。どちらの立場にしても、洗礼を通過儀礼として考えるなら形骸化します。

市役所などの公的事務手続き機関が整備されていなかった時代のヨーロッパでは、新生児の登録は教会が行っていました。教会が国家の下請け機関だったからです。したがって、幼児洗礼は新生児にとって当たり前のことでした。幼児の内に死んでしまいそうな赤ちゃんが生まれると、資格のない産婆が洗礼を施すこともありました。洗礼を受けた赤ちゃんは教会の住民基本台帳に登録され、大きくなると堅信礼を受けることによって一人前の大人と認められました。しかし、その間の宗教教育はほとんどなされませんでした。ヨーロッパの教会が子どもの信仰教育の必要を理解して「日曜学校」を始めたのは18世紀末からでした。

問57　聖餐式とは何ですか。

答　公的礼拝の中で行う儀式です。十字架で裂かれたイエスの体を示すパンを食べ、流された血を示すぶどう酒を飲みます。

「取って食べなさい。これはわたしの体である。……皆、この杯から飲みなさい。……多くの人のために流されるわたしの血」（マタイ26・26〜28）

問58　それではパンが体に、ぶどう酒が血に変わるのですか。

答　これは信仰者だけが行うことができる儀式です。聖餐式の場に臨在される復活のキリストは、聖霊の働きによって、クリスチャンの中に取り込まれます。

杯は、キリストの血にあずかること……パンは、キリストの体にあずかること（Ⅰコリント10・16）

聖餐式はユダヤ人の「過越祭」に代わるものです。これはイスラエルがエジプトの奴隷状態から脱出した時に制定された儀式で、犠牲の羊を屠って食べること、苦しかったエジプト時代を想い起こすために苦菜を食べることなどで、これは出エジプト体験のない後の世代のために、過去を想起させる「過去の現在化」という教育効果がありました。イエス・キリストは過越祭に新しい意味を与えました。十字架にかけられたイエスの体を象徴するパン、血を象徴するぶどう酒という道具立てを用い、神の国完成時の、イエスを囲む天国の大宴会という未来を想起させ、過去、現在、未来を、過越祭に代わる聖餐式において一つに融合させたのです。イエスは過越祭の最後の羊として十字架にかけられました。完全な犠牲がささげられたのですから、もう犠牲は必要ありません。私たちは完全なる犠牲がささげられ、神の義を満足させ、私たちの罪が赦されたこと、そして神との和解が成立したことを、この聖餐式によって信仰告白するのです。

聖餐式で用いられるパンとぶどう酒は、司式者の「聖別の祈り」と聖霊の働きによって特別なものに変わります。しかし「特別」の解釈について、キリスト教会の中に異なった理解が生まれました。第一はローマ・カトリック教会が主張する「化体説」で、司祭の聖別の祈りによってパンがキリストの体に、血がぶどう酒に「聖変化」するというものです。第二は宗教改革者ルター（１４８３～１５４６年）が考えた「共在説」で、品々がキリストの体と血に変化するのではなく、品々の中に、傍に、下に、共に、キリストが存在すると教えました。第三は宗教改革者カルヴァン（１５０９～１５６４年）の「霊的臨在説」です。すなわち、キリストの霊がその場で臨在されるゆえに品々は聖となると主張しました。また、キリストの体を地上に求めてはならない。信者の霊は聖餐式において信仰によって天上に引き挙げられ、そこでキリストに出会い、キリストを己の体に真に取り込むのだとも説明しました。

問59　洗礼式と聖餐式はどう違うのですか。

答　どちらもキリストが制定された儀式です。洗礼式は生涯で一回のみ行われますが、聖餐式はくりかえし行われます。それは私たちを守り、成長させ、教会を一つにさせる信仰の食べ物です。

わたしは、天から降って来た生きたパンである。（ヨハネ6・51）

問60　幼児洗礼を受けた子どもも、聖餐をいただくのですか。

答　幼児洗礼を受けた子どもは、大きくなって信仰を理解し、信仰告白をした後、いただくことができます。

自分をよく確かめたうえで、そのパンを食べ、その杯からのむべきです。（Ⅰコリント11・28）

洗礼式は「お前は私の子である」という神の宣言を、教会が形に現すものですから、その人の生涯で一回だけ執行されます。キリストに焦点を当てて考えると洗礼式には三つの意味があります。第一はキリストが十字架によって死に、復活したように、信者も古い自分に死んで、新しい自分に復活することです。第二は罪から救われてキリストに繋がれたという霊的事実、第三は、新しい自分がキリストと共にこれからの生涯を歩むという新しい人生のスタートです。聖餐式は洗礼によってスタートした信者の霊の糧ですから、教会は機会あるごとにこれをくりかえし実行します。その頻度は教会によって違いますが、月に一回行う教会もあれば、イースター、クリスマスなどを中心に年に数回だけという教会、また毎週行う教会もあります。

近代では聖餐式の現代的課題が議論されます。それは、聖餐式は信者だけのものかという問題で、教会によっては誰でも無制限に授ける教会もあります。この立場の教会の解釈では「イエスは罪人を招いて共に飲食された。それなら教会が礼拝出席者を区別するのはいけない」というもので、伝道の一環として、聖餐式を未信者にも積極的に与えようとするものです。パウロは「主の体のことをわきまえずに飲み食いする者は、自分自身に対する裁きを飲み食いしている」（Ⅰコリント11・29）と言いましたが、これをどう解釈するかの違いによって教会に違いが生じています。もう一つの問題は、知的障がい者の陪餐問題ですが、この二つの問題にはヒューマニズムも絡んで難しい問題になっています。幼児洗礼の教理は問55で紹介しました。この幼児はいつになったら聖餐式に与れるのか。欧米の教会の多くでは子どもが12歳になる頃までに、一定の宗教教育を施した後「堅信礼」という信仰告白の儀式によって聖餐式に迎え入れました。しかし、堅信礼を受けた子どもはもう親の束縛から自由になったというので、礼拝出席をやめてしまうという問題が指摘されています。教会は罪人の集まりですから、常に信仰の形骸化を警戒しなければなりません。

教会活動について

問61　教会では礼拝のほかに何を行いますか。
答　キリストを証しするよいわざの働きと、教会員の教育、伝道活動を行います。

あなたがたに命じておいたことをすべて守るように教えなさい。（マタイ28・20）

問62　よいわざの働きとは何ですか。
答　この世を腐敗から防止する「地の塩」として、また、この世の闇を照らす「世の光」として、福祉、教育、医療、社会奉仕などをそれぞれの教会と個人の力に応じて行います。

あなたがたは地の塩である。……あなたがたは世の光である。（マタイ5・13、14）

日本の宗教法人法は、その宗教が土地建物をもっぱら宗教活動に使用するという理由によって、固定資産税を免除し、献金にも税を課さないことにしています。寺社が駐車場経営などによって収益を得ているときは宗教法人の収益事業としてこれに課税します。日本のキリスト教会のほとんどは欧米に比べて規模が小さいですから、収益活動などできないのが実態ですが、教会はもっぱら宗教活動に励まねばなりません。それは具体的には何でしょうか。教会は日曜日以外には何をしているのでしょうか。

教会では日曜日午前の礼拝が終わると、信者の教理教育、聖書の勉強会、伝道ちらしを近隣に配布することなどを行っています。また、週日には信者の家を訪問したり、近隣の婦人たちを集めてボランテイア活動を行います。イエスは「あなたがたは地の塩である。世の光である」と言われました（マタイ5・13・14）。この世は放っておけばどんどん腐っていくものだから、クリスチャンはこれを防止する塩の役目をもつのです。また真っ暗な世の中で助けを求める者たちの道しるべの灯となる使命があるのです。これを実行するのが教会の役目です。日本でも世界でもつい近代まで、病院も児童教育も庶民には縁の遠いものでした。教会は庶民の苦しみに寄り添い、福祉活動をしてきました。日本では女子の普通教育を始めたのも、孤児たちの施設を本格的に始めたのもクリスチャンたちでした。その後は行政が肩代わりしましたので、教会の社会奉仕活動は行政に比べてはるかに規模の小さいものです。しかし、その活動の動機は根本的に違います。行政はそうしなければ社会混乱が起きますので、円滑な社会維持のために行うのですが、教会の場合はキリストの愛の行使が根本的な理由です。

キリスト教が入ってきて日本は変わりました。一夫一婦制の請願、売春禁止法、児童福祉など、クリスチャンたちの積極的な社会活動によって日本人の人権は向上していきました。

問63　教会員の教育とは何ですか。

答　教会学校はすべての教会員を対象に、聖書知識、キリスト教教理などを学ぶ教育活動を、教会員の年齢と信仰の状況に応じて行います。

固い食物は、善悪を見分ける感覚を経験によって訓練された、一人前の大人のためのものです。（ヘブライ5・14）

問64　伝道活動とは何ですか。

答　教会の近隣に福音を伝え、人々を教会の礼拝に招く活動です。子どもたちを対象に行うのは、日曜学校または子ども礼拝とよばれます。

御言葉を宣べ伝えなさい。折が良くても悪くても励みなさい（Ⅱテモテ4・2）

子供たちをわたしのところに来させなさい。（マルコ10・14）

カルト宗教では信者どうしの横のつながりを嫌います。組織やリーダーに対する批判が生じるのを防ぐためです。したがって、リーダーに忠実に従うのが良い信者ということになります。逆に小規模のキリスト教会では「家庭的な雰囲気で和気あいあいしている」のが良い教会と思われていることがあります。しかし、この仲良しグループに入れない新来会者は寂しい思いをして去っていきます。正しい教会はどうあるべきでしょうか。パウロは「足が、『私は手ではないから体の一部ではない』などとは決して言わない。……体の一つの部分が苦しめば、すべての部分が苦しむのだ」というおもしろいたとえで、キリストの体なる教会を説明しています（Iコリント12・12〜26）。教会はキリストの体であり信者はその部分です。教会といえども罪ある人間の集まりですから、好き嫌いが生じます。互いの欠点が目につき、自己中心になるのは世間のグループと変わりありません。しかし「私と気の合わないあの人も、私同様、イエスが血を流して買い取られた大事な命」と思えば、教会に最も必要な隣人愛が生まれます。そのために必要なのが、互いを高め合う祈り、共同活動、聖書の勉強会、奉仕活動などです。

教会の必須な活動は伝道です。「イエス・キリストはあなたの罪を身代わりになって償ってくださった。この方を救い主として受け入れるなら、あなたは永遠の命が与えられる」というキリスト教の単純な真理を友人に伝えることです。伝道は組織維持のために行われるものではなく、クリスチャンが自分の救われた喜びを誰かに伝えたいから、自然に行われる信仰告白の行為です。また、家族に救われてほしいという熱意の表れです。これは牧師だけではなく、信徒一人ひとりが行うものです。

子ども教育の賜物がある人もそうでない人も、子どもに対する伝道を重視します。この世の俗悪な価値観で汚される前の子どもたちに救いの手を差し伸べるのは、キリストがそうなさったからです。

十戒について

問65　私たちが正しく生きるために、聖書はどんな律法（規則）を教えていますか。

答　聖書は全体的にキリスト者の生活倫理を教えていますが、それらは十戒に要約されています。神はこれを二つの石の板に刻んでモーセに与えられました。第一の板には、神に関する戒めが書かれています。

一、あなたには、私のほかに、神々があってはならない。

二、あなたは神を表すいかなる像も作ってはならない。

三、あなたの神、主の名をみだりに唱えてはならない。

四、安息日を心に留め、これを聖別せよ。この日にはいかなる仕事もしてはならない。

（出エジプト記20・1〜11　編集）

※　ルター派、ローマ・カトリック教会は、一、二を第一戒とし、十を二つに分割する。

律法は人の心を律するもの、法律は人の行動を律するものです。旧約聖書全体は一言で「律法」ともよばれます。法律や規則集は箇条書きで書かれますが、神の律法は歴史物語、系図、預言、説教、詩文などの文学形式で書かれます。なぜなら人間生活のあらゆる場面で神の御心を問い、人の心を律するものだからです。

十戒は人間の宗教的・倫理的・道徳的あり方を要約したものです。十の戒めが別々の石に刻まれたのは、内容が神に関する戒めと人間が守るべき戒めとに分けて説明されたからです。十戒は今からおよそ3000年前に与えられました。その前半が神に関する戒めですが、これが古代世界の中でいかにけたはずれなものであったか、非常識なものであったかを考えると、十戒がいかに聖書の神の超越性を示しているかがわかります。

【一戒】多神教の古代世界では一神教は全く受け入れられません。なぜなら太陽、月、星は、それぞれ別の神として拝まれますし、民族ごとに異なる守り神があるのが当然だったからです。【二戒】これは見えない神を有限な見える形（偶像）に現すことの禁止です。しかし、国と国の国際交流において、特に軍事条約を結ぶとき、相手国の宗教を尊重し、その神像を導入することは当然の礼儀でした。【三戒】神の名を必死に唱えるのは危機状態の時などには当たり前です。現代でも朝から延々と「題目」を唱える宗教がありますが、それは闇雲な熱心の現れです。古代では専門家を雇い、絶え間なく神の名を呼び続けるほど効果があるとされていました（列王上18・26）。人間の熱心さが神々を根負けさせるのです。【四戒】週の一日を休息することは日本では明治時代にキリスト教が伝わってからのことです。どの国でも、どの時代でも、特に奴隷には安息日などはありませんでした。安息日には戦争すらしないというイスラエルの宗教が、古代世界で存続したこと自体が奇跡です。

問66　十戒の第二の板には、何が書かれていますか。

答　人と人との正しい倫理関係が教えられています。

五、あなたの父と母を敬え。

六、あなたは殺してはならない。

七、あなたは姦淫してはならない。

八、あなたは盗んではならない。

九、あなたは隣人に関して偽証してはならない。

十、あなたは隣人の家をむさぼってはならない。

（出エジプト記20・12～17）

仏教の五戒は、①不殺生《ふせっしょう》（生き物を殺すな）、②不偸盗《ふちゅうとう》（盗むな）、③不邪淫《ふじゃいん》（不倫禁止）、④不妄語《ふもうご》（嘘禁止）、⑤不飲酒（酒を飲むな）です。これには神との関係項目がありません。聖書では神と人との関係が正常化されて初めて人間関係が成り立つと考えます。さらに仏教の戒めでは「あなたの父と母を敬え」がありません。十戒の第二の板、人間関係の戒めも、古代世界では日常生活の中で守れるはずのない非常識なものでした。

【五戒】古代世界の王は多くの妻を娶り、たくさんの子どもを産ませました。いつの時代でも、親を追放したり殺すほどの胆力をもった子が、兄弟の中で抜きんでて、後継者として選ばれるのです。【六戒】殺人禁止は「平和な時は」とか「誰を」という条件文がありません。戦争で人を殺すのは常識でしたし、奴隷をその所有者が殺しても罪にはなりません。そのような社会条件を一切無視して単純に「殺すな」という戒めは古代世界では混乱を起こしたでしょうが、あえて単純な命令文にしたのです。【七戒】王は自分の力を誇示するために妻をたくさんもちます。この戒めは男の横暴を諫《いさ》める視点とともに、「女性の尊厳」という現代的な価値観の先取りが見えます。夫婦という社会の最小単位という現代的価値観がすでに生じています。

【八戒】略奪は盗むことです。現代にいたるまで大国は小国を略奪し続けてきました。大英博物館や欧米の博物館は略奪の展示館とよばれます。いつの時代でも、戦争の目的は相手国の資源、貴重品、芸術品を盗むことでした。【九戒】戦争の捕虜になって尋問されたら嘘をついて生き延びるのは当然でした。嘘は特に裁判の場面で社会を崩壊させます。しかし、嘘は神に対する嘘になるというのが聖書の慧眼《けいがん》です。聖書は私たちの心をよく知っています。【十戒】むさぼるとは心に潜む感情です。法律は心の中に踏み込んで裁くことができません。行動となって外に現れた犯罪だけを裁きます。しかし、聖書はそれ以前の心のあり方に踏み込みます。なぜなら心も神の作品だからです。

問67　「あなたは私のほかに、神々があってはならない」という第一戒は、何を求めていますか。

答　すべてのものの創造者であり、イエス・キリストの父である真《まこと》の神だけを、正しく礼拝することです。

わたしとわたしの家は、主に仕えます。（ヨシュア24・15）

問68　第一戒は、何を禁じていますか。

答　真の神を礼拝しないこと。そして、偽の神々や被造物を拝むことです。

あなたは異教の神にひれ伏してはならない。（詩81・10）

この世に神は一人しかおられないこと、それはこの教理問答書の第7問で学びました。その神は十戒の最初で、「ほかの神」などあろうはずがないと言われます。実はこの第一の戒めが語られる前に次のような言葉があります。「私は主、あなたの神、あなたをエジプトの国、奴隷の家から導き出した神である」（出エジプト20・2）。「なぜあなたの神であるのか」という理由、イスラエルとの関係が前提されているのです。

人間に働きかけてくる神。人間が探し求めて神を発見するのではなく、神の方から私たちを探し求めてくれる。このような神概念は古代にはありませんでした。神とは特定の場所に鎮座ましまし、動かないのです。その場所に、用事のある人間が参拝するという構図。これが古代の神に関する常識です。人間が神のもとに出向くのであって、神が人間につきまとって動くのではありません。イスラエルをエジプトから救出した神はこのような神でした。だからイスラエルにとって「ほかの神々」などあるはずがないのです。

したがって、聖書は、あなたに働きかけてくる神と共に生きよと主張します。さらに神は「私は熱情の神である。私を否む者には、父祖の罪を子孫に三代、四代までも問うが、私を愛し、私の戒めを守る者には、幾千代にも及ぶ慈しみを与える」（出エジプト20・5、6）と強調しています。世界のどの民族にも「宗教の種」が宿っています（カルヴァン『キリスト教綱要』）。したがって、どの民族も、自分の考えや体験に基づいて神を創り出しますから、世界のあらゆる民族に宗教があります。最も一般的なものは「幸福」という現世利益の神ですが、人間は決して現実の自分の状況に満足しません。「もっと良い生活があるはずだ」。それが偶像となります。人があこがれる金、名誉、地位、学歴、家、様々なものが神々となり、日本では商売、学問、安産などを願かけする「機能神」とよばれる「生活の神の社」が存在します。しかし、それらは決して人に満足を与えません。謙遜、感謝、満足を知らない人間は不平の海におぼれ死んでしまいます。

問69　「あなたは神を表すいかなる像も作ってはならない」という第二戒は、何を求めていますか。

答　神を形で表すことはできません。したがって、神礼拝は、神が教えてくださった正しい方法で礼拝することです。

主が禁じられたいかなる形の像も造らぬようにしなさい。（申命4・23）

問70　第二戒は、何を禁じていますか。

答　見えない神を形で表現すること。像を拝むこと。聖書が教えていない自己流で神を礼拝すること。またお守りを身につけたり、占いに頼ることなどです。

占い師、卜者、易者、呪術師、呪文を唱える者、口寄せ、霊媒、死者に伺いを立てる者などがいてはならない。（申命18・10）

神は「見えない神を拝む宗教」を古代世界で始められました。それは形によってではなく、人格的な交わりによって知ることができる神です。「偶像禁止」には二種類の禁止項目があります。第一は、自然世界に存在する物を神として崇める行為です。太陽、月、星、山、巨大な岩、樹木などを見て日本人は手を合わせて拝みます。また人間が考え出した吉凶、六輝（大安、友引、先勝、先負、赤口、仏滅）などの迷信も偶像礼拝です。神の作られた時間・暦には、縁起の良い日（悪い日）などありません。近年はパワーストーン、浄化グッズ、金運ブレスレットなどが流行《はや》っていますが、これらは昔の「お守り」の現代版です。

第二は見えない神を形に表す偶像礼拝です。地上のどんな形によっても神を表現することはできません。しかし、人間は礼拝や祈りの対象を求めますから仏像や何かの像を作ります。しかし、どんな高価な材料でも、素晴らしい形を作っても、それを見て神は「私はこんな安物ではない」と言われます。昔、出エジプトの荒野での出来事です。モーセがシナイ山に登って40日間も不在でした。心配になったイスラエルは見える神を作るようにアロンに頼みました。アロンは困りましたが、暴動になりそうな群衆を静めるために金の牛の像を作りました（出エジプト32章）。なぜ牛の像だったのでしょうか。それは当時パレスチナからアラム地方一帯に、広く農業神バアル礼拝が流行っていました。このバアルは牛に乗った姿で彫像されていましたので、アロンはこれにヒントを得たのです。さすがに神の像を作ることはできませんが、金の牛を作ることによってその背にまたがっている何かを連想させたのです。しかし、神はこれに激怒され三千人が殺されました。日本人の誰も、仏像が神だと思う人はいないでしょう（仏教には神はありませんが）。あくまで何か崇高なものを連想させる縁《よすが》と割り切っているかもしれません。しかし、それは神の怒りを招くものだと、聖書は警告します。

問71　**「あなたの神、主の名をみだりに唱えてはならない」という第三戒は、何を求めていますか。**

答　**神に呼びかけたり、神という言葉を使うときに畏れの心をもち、清い思いで用いることです。**

主よ、わたしの唇を開いてください。この口はあなたの賛美を歌います。（詩51・17）

問72　**第三戒は何を禁じていますか。**

答　**神の名を尊敬の心からではなく、悪い心で用いることです。**

わたしの名を用いて偽り誓ってはならない。（レビ19・12）

神社に詣でる時は礼拝前に、賽銭箱の上に吊るされている鈴の紐をジャランジャランと鳴らします。玄関のチャイムを鳴らすようなものでしょうか。神社はそれを感謝と尊崇の礼儀と説明していますが、「私はちゃんと賽銭を入れましたよ、ちゃんと祈りを聞いてくださいね」と催促するものではないかと考えてしまいます。何しろ八百万《やおよろず》の神々は神無月（十月）には出雲大社への同窓会旅行で留守のはずですから……。

イエスは「あなたがたが祈るときは、異邦人のようにくどくどと述べてはならない。異邦人は、言葉数が多ければ、聞き入れられると思い込んでいる。……あなたがたの父は、願う前から、あなたがたに必要なものをご存じなのだ」と言われました（マタイ6・7、8）。祈る者の心構えのほかに、祈られる側の要求が明示されている宗教は、全世界で聖書の宗教だけです。「妄《みだ》りに」とは「考えなしで」「結果を考えないで」という意味があります。私たちは熟慮して祈りの言葉を模索すべきです。ある人が会社の社長の葬儀で弔辞を読むように依頼されました。葬儀には取引先関係の多くの代表者が訪れます。その人は徹夜で必死になって文章を練り上げました。人の前で発表する文章よりも、神の前で願い事をする祈りの文章の方が重要に決まっています。私たちの祈りには畏れの心、清い思いがあるでしょうか。韓国の礼拝に出席したことがあります。讃美歌を歌うとき「イエスさま、イエスさま」「ハレルヤ、ハレルヤ」「アーメン、アーメン」と連呼するのを見て、背中が泡立ったことを覚えています。日本のユーチューブで「主はすばらしい」という単調なフレーズを延々と歌う礼拝の風景を見たことがあります。民族の違い、文化の違いがありますので一概には言えませんが、感情と理性のバランスが必要でしょう。また礼拝出席者への配慮も必要です。

昔アメリカのロック・グループの歌で「主の祈り」の歌詞（アルファベット）を逆にして歌う悪魔賛美の歌があると聞きました。何と恐ろしいことでしょう。

問73　「安息日を心に留め、これを聖別せよ。この日にはいかなる仕事もしてはならない」という第四戒は、何を求めていますか。

答　週の初めの日曜日は安息日であり、「主の日」です。この日は神が特別に決められた礼拝の日ですから、この日を大切に守ることです。

安息日に仕事をする者は必ず死刑に処せられる。（出エジプト31・15）

安息日に律法で許されているのは、……命を救うことか、殺すことか。（マルコ３・４）

問74　第四戒は何を禁じていますか。

答　主の日は神が私たちを礼拝に招いておられる日なのに、自分の都合を優先させたり、神を忘れて過ごすことです。

何という悪事を働いているのか。安息日を汚しているではないか。（ネヘミヤ13・17）

明治以前の社会では奉公人の休日は職種によりますが、わずかなものでした。定まった休日は元旦、藪入り（旧暦1月16日、7月16日）、祭日などで、七日に一日の休日制度はキリスト教が日本に入ってきてからでした。明治政府は宗教的な安息日を採用したのではなく、欧米諸国から野蛮な文化の国と言われないように、太陽暦と週七日制を取り入れたのですが、結果的に大きな社会改善になりました。しかし「主の日」という概念を避けるために、学校教育などでは特に、日曜日は週の最後の日と教え込みました。

復活のキリストは、意図的に週の初めの日に弟子たちに顕れることによって、週のスタートの日は神礼拝の日と位置付けられました。人間は神との正しい関係の中にあることによって、社会と隣人との関係も友好に保つことができます。「主の日」礼拝では新しい一週間を生きるための魂の糧をいただくのですから、大切に守らねばなりません。とは言ってもこの世には日曜出勤しなければならない職業も多くあります。医療関係者、消防官や警察官。またデパートやスーパーにとっては最も忙しい商売繁盛の日ですから、従業員も休むことができません。社会の構成が複雑になっているのですから、教会も知恵がいります。主の日礼拝は欠かすことのできない教会の行事ですが、礼拝に来ることができない信者のために、夕礼拝、週日の学び会などの充実が必要です。昔は日本でも、主の日礼拝を守るために個々人の戦いがありました。日曜出勤を命じられた時こそ信仰の証しが必要となります。自分の信仰を通すためには、職場で日頃から信頼を得ていなければなりません。この世で有能な人であるからこそ、他の人もその人の信仰の自由を尊重するのです。

問題なのは、礼拝厳守の戦いの意識どころか、日曜出勤を言い訳にし続けることによって信仰がマヒしてしまい、ついにはこの日を忘れ、何の痛みも感じなくなったら、これは恐ろしいこの世の価値観に支配されていることです。

問75　「あなたの父と母を敬え」という第五戒は、何を求めていますか。

答　私たちを生んでくれた父母を尊敬し愛すること、また目上の人に敬意をはらうことです。

白髪の人の前では起立し、長老を尊び、あなたの神を畏れなさい。（レビ19・32）

問76　第五戒は、何を禁じていますか。

答　地位・立場が上の人に従うことは、社会秩序の基本です。このような人々に、正しい理由がなくて逆らうことを禁じています。

あなたの民の指導者を悪く言うな。（使徒23・5）

日本では「嫁」は家に従属するもので独立した人格をもちませんでした。したがって「家」を守るためには男子を産む必要があり、「妾」の存在は当然でした。しかしキリスト教が入って来てから、一夫一婦制が伝わり、1898(明治31)年にようやく民法で一夫一婦制となりました。聖書が教える「父母を敬え」とは日本的な「家を守る」教えとは全く違いますので、まずこれを確認しましょう。子どもが父母を尊敬し愛することは自然な感情ではないかと思われます。しかし、それは社会が平和で衣食住がたりている幸福な時代だけです。現代でも子どもが労働力として劣悪な環境で働く社会が多くあります。イギリスでは鉱山労働者としてわずか8歳の子どもが鉱山に売られました。多くの子どもが事故死した結果1842年、十歳未満の子どもが石炭鉱山で働くことが禁止されました。それ以前の世界で、貧しい子どもたちがどのように扱われていたか、想像を絶するものがあります。近代でもそうなのですから、古代世界ではいかほどのものだったでしょうか。私たちは「父母が子どもと一緒にいる」という当たり前の環境作りから始めねばなりません。

地位・立場が上の人に従うことは社会秩序の基本で、これがなかったら社会は混乱します。特に軍隊は成立しません。古代世界では戦争に備えて、王は自分の子どもを人身御供として犠牲にささげることもありました。これは王が犠牲の見本を示しているのだから、庶民も子どもの命を兵士として提供せよとの命令でした。しかし、王には多くの妻により子どもは何十人もおり、スペアはいくらでもあったのです。このような不幸な親子関係では父母を敬う感情は生じません。神は人に、自然な愛情の親子関係を求められます。

聖書は社会の存続とか血統の維持などの功利主義のゆえではなく、神の命令系統の正しい維持のためにこの戒めを与えています。イスラエルでは祭司は国の指導者であり、家長は家庭礼拝を司る祭司でもありました。正しい宗教の存続のために、子どもは父と母を敬わねばならないのです。

問77「あなたは殺してはならない」という第六戒は、何を求めていますか。

答　個人どうしでも国家間においても、殺人に至るような争いを未然に防ぎ、人の尊厳を守り、人と人の間に平和を保つ努力をすることです。

人の血を流す者は、人によって自分の血を流される。（創世9・6）

平和を実現する人々は幸いである。（マタイ5・9）

問78　第六戒は、何を禁じていますか。

答　すべての争いを暴力になるまで放っておくこと、また争いの原因となるものを作ることです。また国家においては大量殺戮《さつりく》兵器を作り保有することです。

ヨナタンは父サウルにダビデをかばって話した。（サムエル上19・4）

聖書では現行罪になる前の心の状態を審《さば》きます。「殺すな」を現代の刑法の感覚で考えると聖書の主張がわからなくなります。殺人に至るまでには様々な葛藤、小規模の争い、いやそれ以前に心の中に生じる憎しみ、嫉妬、怒りがあるのです。「兄弟に『ばか』と言う者は、最高法院に引き渡され、『愚か者』と言う者は、火の地獄に投げ込まれる」とイエスは言われました（マタイ5・22）。これがイエスの「殺人罪」の適用範囲なのです。殺人という大罪も心の中に生じた小さな憎しみから誕生します。聖書はこれを問題にします。心にある憎しみが行動に移らないようにするために、聖書はその反対の「隣人愛」をくどいほど主張しています。それはまず人を人として尊敬することです。ヘイトクライムは相手の尊厳を無視し、根拠のない自尊心によって生み出されます。人と人との間に平和を保ち争いを未然に防ぐこと。それが「光の子」であるクリスチャンに要求されています。平和は抽象的なものではありません。ギリシア語で平和は「エイレーネ」と言いますが、これは人と人とが穏やかに話し合うことのできる関係を意味します。したがって、平和とは具体的に行動しないと作れないものです。積極的に挨拶をかわし、相手の安否を気遣うのです。「友の悲しみに我も泣き、友の喜びに我も舞う」関係に争いはおきません。

個人の争いが民族の争いに発展し国家間の争いになることはよくあることです。1969年、エルサルバドルとホンジェラス間の戦争はサッカーがきっかけでした。ウクライナ戦争は古くからあるロシアとウクライナの民族紛争が根底にあります。争いの原因となるものは私たちの身近にあるのです。

現代の戦争は相手の顔を見ることなくボタン一つで行われますから、無限に拡大します。特に大量殺戮《さつりく》兵器の押しボタンが一人の独裁者に委ねられているようなケースでは、人類の破滅にまでエスカレートします。エイレーネは、今、私から始めねばなりません。

問79 「あなたは姦淫してはならない」という第七戒は、何を求めていますか。

答　男と女の関係、夫婦の関係を、清く正しく保つことです。またみだらなことを避け、慎《つつし》みある言動と服装を心がけることです。

卑わいな言葉や愚かな話、下品な冗談もふさわしいものではありません。（エフェソ5・4）

問80 第七戒は何を禁じていますか。

答　神が男と女に与えてくださった性の恵みと尊さ、喜びを、結婚関係の外で楽しみ、家庭を破壊することです。

みだらな思いで他人の妻を見る者はだれでも、既に心の中でその女を犯したのである。（マタイ5・28）

この戒めが「殺すな」の戒めの直後に置かれているのは示唆に富んでいます。姦淫は夫婦関係を破壊し相手を殺すことと同じだと聖書は言いたいのです。いつの時代でも最も守られないものはこの七戒でしょう。旧約聖書では姦淫罪は死刑でした。神との聖なる関係を姦淫（偶像礼拝）によって破ることは最大の罪です。

夫婦の結婚関係は神とイスラエルとの結婚関係に結び付けて考えられています。他の神々を慕うことは神の怒りを招きます。性の行為は、罪の結果、自己の欲望追求と性欲発散になってしまいました。これは日頃の男女関係に現れてきます。「高慢で首を伸ばして歩き、流し目を使い、気取って小股で歩き、足首の飾りを鳴らして歩くシオンの娘」（イザヤ3・16）に対して、神は嫌悪感をもって罰せられます。

しかし神は、偶像礼拝に陥ったイスラエルを滅ぼすのではなく、「夫に愛されていながら姦淫する女を愛せよ」と預言者ホセアに言われました（ホセア3・1）。性の恵みは自然世界において、命が生じる根拠であり「産めよ増えよ」の原動力です、男女が互いに惹き合うのは抗《あらが》うことのできない本能だということを神はよく知っておられます。性の誘惑は逆に言うと、性がそれほどまでに魅力にあふれたものだということです。文学の世界からこれを除いたら小説など存在しないも同様です。「女の髪の毛は象をもつなぎ」「不倫の目は妖しく光る」。それが現実です。

イエスは「みだらな思いで他人の妻を見る者は誰でも、すでに心の中でその女を犯したのである」と心の内面に踏み込み、当時ユダヤ人たちが、気に入らなくなった妻を平気で離婚する状況を見て「離縁は姦通の罪を犯すことだ」と厳しい聖書解釈で抗議されました（マタイ5・28、32）。しかし、そのイエスは、誘惑に負けてしまった女に対しては同情的でした。姦淫罪で引き出され殺されそうになった女をかばい、解放されました（ヨハネ8・11）。神の怒りと憐れみの態度、イエスの峻厳と同情の態度、どちらもが神の心です。

問81　「あなたは盗んではならない」という第八戒は、何を求めていますか。

答　自分に与えられた物に感謝して満足することです。また、盗まなければ生きていけないような社会があるなら、そのような社会を改革することです。

だれからも金をゆすり取ったり、だまし取ったりするな。自分の給料で満足せよ。（ルカ3・14）

問82　第八戒は、何を禁じていますか。

答　詐欺、窃盗、横領、恐喝、背任など、現代用語で言う「財産犯」です。また、神に与えられた各自の生活時間を、自堕落に過ごすことも含まれます。

アブサロムは、……イスラエルの人々の心を盗み取った。（サムエル下15・6）

怠け者よ、いつまで横になっているのか。（箴6・9）

なぜ盗んではならないのか、それは犯罪だからです。被害者がいるのです。小さな万引きにすぎないなどと思ってはなりません。駅においてある自転車を「ちょっと借りるだけ」と言いながら乗り捨ててはいけません。持ち主は困っています。これは犯罪です。これは神の命令「隣人を愛する」ことの正反対の行為です。洗礼者ヨハネは当時の兵士に向かって言いました。「誰からも金をゆすり取ったり、だまし取ったりするな。自分の給料で満足せよ」（ルカ3・14）。ここには恐喝と横領の罪が指摘されています。大昔から盗む行為はバラエティーに富んでいます。盗むことの反対は感謝です。今与えられているものに感謝するなら、神はさらに与えてくださいます。盗む当事者と被害者が大規模なのが戦争です。国家が加害者・被害者になります。戦争は大規模な略奪で、国そのものまでが奪われることがあります。しかし、罪に問われることはありませんでした。最近になり、植民地であった国が、旧宗主国に対して略奪品の返還を求める運動が活発になりました。盗みの罪の結果は国家といえども免れることはできません。いつか誰かがその後始末をさせられます。

　聖書は貧乏人を「怠け者よ」と言ってユーモラスに叱責しています（箴6・6〜11、26・13〜16）。神から与えられた時間を自堕落に過ごす者は時間を無駄遣いしているのですから、これも盗みで、神の怒りにあいます。しかし、貧困は個人の責任だけとは言えません。庶民がどんなにあがいても、国の一部の富裕層が経済を握っているようなケースでは、貧しさは国の責任です。富裕層は庶民の権利を侵害し、国民のささやかな暮らしを奪い取っています。それは国家が盗みを働いているのです。預言者ミカはこの罪を糾弾しました（ミカ書2・2）。イエスは強欲なファリサイ派を批判しました（ルカ11・40）。「金持ちが神の国に入るよりも、らくだが針の穴を通る方がまだ易しい」（ルカ18・25）。これはユーモラスな言い方ですが、人々への辛辣《しんらつ》な批判でした。

問83 「あなたは隣人に関して偽証してはならない」という第九戒は、何を求めていますか。

答 隣人に関して問われたとき、特に裁判において証言を求められたとき、自分が知っていることだけを話すことです。

あなたがたは、「然り、然り」「否、否」と言いなさい。（マタイ5・37）

問84 第九戒は何を禁じていますか。

答 証言において嘘を言うこと。あやふやなことを証言すること。うわさ話を広げることです。

あなたは根拠のないうわさを流してはならない。（出エジプト23・1）
秘密をばらす者、中傷し歩く者、軽々しく唇を開く者とは、交わるな。（箴20・19）

日本の裁判所では、証人は裁判官の前で次のような宣誓をしなければなりません。「良心に従って真実を述べ、何事も隠さず、偽りを述べないことを誓います」。このような厳粛な場面でなくても、私たちには正しい会話が求められます。しかし、現実の世界ではフェイク・ニュース、根拠のない陰謀論、スキャンダルが満ち溢れています。人は他の人の知らない情報に接すると、自分だけが知っていると優越感をもち、得意そうにあちこちで喋《しゃべ》りだすのです。尾ひれが膨らみ、ついには真実と全く外れた噂話が飛び交います。

聖書の世界では二人または三人の証言に基づいて裁判の判決が出ました。しかし、証人が嘘を言ったら、この原則は崩れてしまいますから、偽証は大きな罪です。アハブ王はナボトのブドウ畑が欲しくなり、ナボトに売るよう交渉しましたがナボトは拒絶しました。アハブの妻イゼベルは長老二人に、ナボトが神と王を呪ったと偽りの証言をさせ、ナボトは裁判で殺され、畑は王の物になりました。神は大いなる怒りで預言者エリヤを派遣し、イゼベルの悲惨な最後を告げました（列王上21章）。「隠されているもので、知られずに済むものはない」（マタイ10・26）のです。紀元前9世紀、イスラエル対アラム戦争がラモト・ギレアドで勃発しました。これに先立ってイスラエルの王アハブは宮廷預言者にこの戦いの勝敗を予言させます。四百人ものお抱え宮廷預言者は大勝利を予言します。代表のツィドキヤは鉄の角数本を作って「これをもってアラムを突き、殲滅せよ」とアジ演説を行いアハブを喜ばせます。ただ一人預言者ミカヤは敗戦を預言し、結果的にアハブ王は殺されてしまいます（列王上22章）。王や独裁者の喜びそうなことを進言して、わが身の保身を図るのはいつの時代でも同じです。四百人の預言者たちは、この戦争に勝った結果の自分たちの安泰を願ったでしょうが、それよりも、四百人に反対して自分だけ少数意見を述べることを躊躇したのでしょう。その時の大勢に流され正しい判断をしないこと、これも偽証の一つです。

問85　「あなたは隣人の家をむさぼってはならない」という第十戒は、何を求めていますか。

答　他の人の豊かさへの嫉妬、妬みなど、自分の心の中にわきあがってくる悪い思いを、コントロールすることです。

中から、つまり人間の心から、悪い思いが出てくる（マルコ7・21）

問86　第十戒は何を禁じていますか。

答　自分の置かれている状況に対する不平、他人の幸福や持ち物をうらやみ、むやみに欲しがることです。

金銭に執着しない生活をし、今持っているもので満足しなさい。（ヘブライ13・5）

貪《むさぼ》るとは貪欲《どんよく》です。他の人の持ち物が羨《うらやま》しくて、羨ましくて、もう我慢ができないほどの精神状態になることです。すべての人には大なり小なりこの心があります。だから高級なブランドの鞄や衣服がよく売れるのです。テレビのコマーシャルは「欲しがらせる」ことによって成り立っています。昔はローン制度がありませんでしたから、人は欲しい物があっても、じっと我慢して金を貯めてやっと購入できました。日本では住宅金融公庫の制度が始まったのは1950年からです。ローン制度とは未来の収入を担保にして今物を手に入れることです。しかし、この制度は住宅から一般消費物資に拡大し、消費者は未来を担保にして今消費してしまうのです。それが本当に必要なものであるかどうかという判断は貪りによってマヒしてしまいます。この制度によって経済と消費活動は爆発的に拡大しました。しかし、社会の様々な面で弊害も露呈していま す。ローン制度は宗教的に考えると健全なものではありません。なぜなら、神のものである未来を担保にすることだからです。その人の現在の稼ぎが将来も続くとは誰も保証できません。したがって、神の領域に踏み込みこれを貪ることになります。しかし、現代社会でローン制度を否定したら銀行はつぶれ、経済はマヒしてしまうでしょう。しかし、誰かがいつもこの制度の「悪魔性」を指摘し続けねばなりません。

貪りは貧乏人が金持ちをひがむことばかりではありません。人は他の人のもつ豊かさ、教育、学歴、美貌、幸福、称賛され尊敬されることを嫉妬するのです。自分を他の人と比較し、自分を奮起させ這い上がろうとする努力は人を向上させます。そうではなく貪りが罪になるのは、それが相手に向かって攻撃するような、嫉妬、妬みの心を生じさせるからです。私たちは感情をコントロールしないと、この罠に陥ってしまいます。人類最初の殺人に対して神はこう言われました。「罪は戸口で待ち伏せており、お前を求める。お前はそれを支配しなければならない」（創世4・7）。

問87　神の律法である十戒を、完全に守ることのできる人がいますか。

答　いません。私たちはいつも思いと言葉と行動で、これらの戒めを破ることによって、日々罪を犯しています。

律法によっては、罪の自覚しか生じないのです。（ローマ3・20）

問88　十戒を守ろうとする心はどのようにして与えられるのですか。

答　聖霊なる神が私たちの心に住んでくださり、私たちを日々聖《きよ》めてくださいます。私たちはこの聖霊によって、十戒を守るよう、祈る心を与えられます。

わたしを洗ってください。雪よりも白くなるように。（詩51・9）

霊自らが、言葉に表せないうめきをもって執り成してくださる（ローマ8・26）

使徒パウロは言いました。「私は自分の望む善は行わず、望まない悪を行っている。……神の律法を喜んでいますが、私の五体にはもう一つの法則があって、……罪の法則のとりこにしているのがわかります。……私は何と惨めな人間なのでしょう」（ローマ7・19～24）。聖書のあらゆる律法に精通した、この時代最高の学者であったパウロだからこそ、神の律法を守り切ることのできない自分を惨めだと言っています。私たちはなぜ律法を守ることができないのでしょうか。それは罪の法則が私たちを支配しているからです。

どの宗教もこの問題を解決しようとしています。滝に打たれて修行したり、座禅を組むことによって心を空しくしたり、お経を読むことによって煩悩《ぼんのう》を振り払おうと努力します。しかし、人は努力によって罪に打ち勝つことはできないと聖書は説きます。刑法は行動に現れた不法行為のみを裁きますが、聖書は人間の外に現れるもの（行為）以上に、内面の心のあり方を問います。したがって、私たちはいつも思いと言葉と行動で、日々律法に反しています。だから……した罪とともに、……しなかった罪が問われるのです。

スポーツの世界、芸事の世界、音楽の世界では功成り名を遂げた人が指導者となります。それは具体的な目標だからです。仏教の世界ではお坊さんにランクがあります。第一級は大僧正とよばれ、第八級まである宗派もあります。キリスト教会ではそうではありません。牧師はグループの指導者ですが、信徒に仕えるのが最も重要な仕事です。この職名は羊飼いからきています。イエスは「私は良い羊飼いである。良い羊飼いは羊のために命を捨てる」と言われました（ヨハネ10・11）。牧師はイエスが所有しておられる羊の群れ（信徒）をお世話するのが仕事です。しかし、牧師が人の罪を洗い清めるのではありません。そんなことは人間にはできません。それは聖霊なる神のなさる業です。この方は私たちの心の中に住んでくださり、二十四時間勤務で私たちの罪に染まった心を清め続けておられます。

祈りについて

問89　祈りとは何ですか。

答　祈りとは私たちの願いを、神の御心に適う正しい方法で神に向けて訴えることです。

何事でも神の御心に適うことをわたしたちが願うなら、神は聞き入れてくださる。（Ⅰヨハネ5・14）

問90　どのように祈ると、神に聞いていただけるのですか。

答　罪の告白、神への感謝、願いを、キリストの御名によってささげることです。

「神様、罪人のわたしを憐れんでください。」（ルカ18・13）

「祈っていますよ」と親切な言葉をくださった人に「誰に祈るの?」などと聞くのは野暮な人です。「ご快復を祈ります」「貴社のご発展を祈ります」「ご健闘を祈ります」など、これは「……だといいですね」ぐらいの社交辞令です。クリスチャンの場合は「私の信じているキリストの父なる神さまに祈ります」と一言添えたらよいでしょう。世間では祈りイコール願いと考えられているようです。願かけなどという言葉もあります。祈りはクリスチャンにとって神との会話ですから、朝起きたときから始まります。ベッドの上で「お父さまお早うございます。暗い夜を守ってくださってありがとうございます」という挨拶も祈りです。

しかし、祈りは単なる会話とは違いますから、そこにはおのずと一定のしきたりもあります。つまり神に聞いていただけるやり方でなければならないということです。人と人との会話の場合を考えてみましょう。日頃、挨拶も会話もろくにしていない人に向かって、いきなり「ああしてください、こうしてください」などと言ったらケンカになりますね。「どうもご無沙汰していまして、いつもお世話になっています」などと挨拶から始まり、ようやく願いごとを話し始めるでしょう。それなら神さまに願いごとの祈りをするなら、よほど慎重に構えねばなりません。しかし、それは裃《かみしも》を着るようにしゃちこばることではありません。イエスは神に「お父ちゃん」と呼びかけました。それほど親しい関係でした。

考えなしの願いごとだと、相手が拒絶する場合があります。たとえば赤ちゃんが、キラキラ光る台所の包丁を気に入って欲しい欲しいと泣いても、母親は決してわたすようなことはしません。私たちは祈りについて無知なままではいけません。「宝くじが当たりますように」「入学試験に受かりますように」「あいつが失敗するように」などと人の祈りはコントロールができないまでエスカレートします。それではどのような祈りなら聞いていただけるのか、それが祈りの模範「主の祈り」です。

主の祈りについて

問91　私たちが学ぶべき、模範的な祈りがありますか。

答　ありますす。イエス・キリストが教えてくださった「主の祈り」です。

天にまします我らの父よ

①　願わくは、御名をあがめさせたまえ。

②　御国をきたらせたまえ。

③　御心の天になるごとく、地にもなさせたまえ。

④　我らの日用の糧を今日も与えたまえ。

⑤　我らに罪を犯す者を、我らが赦すごとく、我らの罪をも赦したまえ。

⑥　我らを試みにあわせず、悪より救い出《いだ》したまえ。

国と力と栄えとは、限りなく汝のものなればなり。アーメン

（マタイ6・9～13　口語訳）

「世界人類が平和でありますように」と書いた柱（ピースポール）は、世界平和を願う草の根運動の一つだと言われています。しかし、この標語は宗教団体白光真宏会の登録祈禱《きとう》文の冒頭の言葉で、その最後は「守護霊様、ありがとうございます」という祈禱《きとう》文です。毒にも薬にもならない標語ですから、抵抗感がないのでしょう。しかし、この柱を建てることがこの宗教団体の布教活動を担っているとは思わないのでしょう。

主の祈りは二つに分けられます。最初の三つは神御自身に関するもの、残りの三つが人間に関するものです。私たちはまず神をほめたたえ、次にわが身のことを祈ります。「御名」とは神の名、すなわち神の存在、威光、尊厳、属性のすべてを表現する言い方です。神さまの全体がほめたたえられ、讃美されるようにと祈ります。これは夫婦関係で言えば「あなたは私にとっていつもすばらしい方」と挨拶するようなものです。

「御国」は神の支配が早く完全に地上でなされますようにとの祈りです。「御心」が天でなされるのは当たり前ですが、それを早く私たちの地上でも実行してくださいと祈ります。御心が地上で行われるなら、悪人の自我と欲望が制御され、人の努力が正当に評価され、本当の「生きがい」がある世の中になるでしょう。

主の祈りの前半が終わるといきなり「食べ物をください」となるのは卑近すぎるでしょうか。いいえ世界人類平和のための最も身近な問題は食糧です。穀倉地帯のウクライナが侵略され、アフリカで飢餓が深刻化しているのが現状です。また「許し」と「赦し」は全く違います。日本ではこの違いが理解されませんから、映画の字幕では必ず間違っています。罪は「許可」されるものではなく「赦免」されるのです。運転免許証はその資格が当然ある者に発行されます。恩赦はその資格がなくても温情によって与えられます。「試み」は誘惑です。私たちは常に誘惑と悪意に囲まれています。人間にとって最も身近で危険なものを三つに絞ってまとめられたイエスは、私たちを常に温かい目で見守っておられます。

問92　なぜ「天にましますわれらの父よ」と呼ぶのですか。

答　キリストが私たちを神の子どもにしてくださったので、私たちは天におられる神に向かってこのように呼びかけるのです。

この霊によってわたしたちは、「アッバ、父よ」と呼ぶのです。（ローマ8・15）

問93　「御名をあがめさせたまえ」という第一の祈りは、何を求めていますか。

答　世界中の人々が神のお名前を尊いものとして、ほめたたえるようにと祈ります。

主よ、わたしたちの主よ、あなたの御名は、いかに力強く全地に満ちていることでしょう。（詩8・2）

「まします」は「在《まし》す」つまり、いらっしゃるという丁寧な言葉です。「天」は空とか宇宙という意味ではありません。卑近な地上ではなく崇高な場所だと言いたいのです。しかし、神にとって限界はなくどこにでもおられます。世界最初の有人宇宙飛行士、ソ連のガガーリンは宇宙で神を見たかと記者に問われ「私はまわりを見渡したが、神は見当たらなかった」と答えたと言われます（1961年）。もちろん神は宇宙船の中にも外にもおられました。「神はわたしたち一人ひとりから遠く離れてはおられません。……探し求めさえすれば、神を見いだすことができます」（使徒17・27）。ガガーリンは聖書を読むべきでした。

イエスは「私の父」と呼びかけられましたが、クリスチャンにとっては「我らの父」です。我らの中には人種も民族も異なる多種多様な人々が含まれます。神に呼びかける人に人種差別がないのは当然です。「神は一人の人からすべての民族を造り出した」（使徒17・26）からです。キリスト教は全世界のあらゆる人種の宗教です。「御名」は神の代理人です。神殿に神はおられましたが、それは神ご自身が「その名を、主の住まいに置く」と言われたからです。これは旧約聖書でしつこいほどくりかえし言われました（申命12・5、11、21、14・23、24、16・2、6、11など）。それは異教の神殿と違い、御神体の像はなくても私は神殿にいるのだという意味です。したがって、御名とは神の婉曲な表現で、神の存在、性質、力、栄光など神にまつわるすべての属性を表現しています。現代の世界では、神の御名を知り、この方に感謝し、ほめたたえる人は多くはありません。クリスチャンは全世界にこの方を証しし、そのご栄光を輝かせねばなりませんが、それは人の努力にかかっているのではなく、まず神御自身にしていただかねばなりません。これは神に対して人が指図するのではありませんが、私たちは神の子ですから、スポーツのチアリーダーのように、私の親しいヒーローである神を、子どもとして無邪気に応援するのです。

問94 「御国をきたらせたまえ」という第二の祈りは何を求めていますか。

答 悪が完全に滅ぼされ、神の国が早く完成するようにと祈ります。

時が満ちるに及んで、救いの業が完成され、あらゆるものが、頭《かしら》であるキリストのもとに一つにまとめられます。（エフェソ1・10）

問95 「御心の天になるごとく、地にもなさせたまえ」という第三の祈りは何を求めていますか。

答 私たちの思いと言動、この世に起こってくるすべてのことがいつでも神の喜ばれるものであるようにと祈ります。

わたしが願うことではなく、御心に適うことが行われますように。（マルコ14・36）

「御国」は神の国の完成品です。「もはや夜はなく、ともし火の光も太陽の光も要らない。神である主が僕《しもべ》たちを照らし、彼らは世々限りなく統治する」（黙示22・5）。そのような天国の姿はまだ見えていません。現実の世界は悪がはびこる真っ暗闇の世界です。しかし、この世界で満足している人々もいます。人を支配する立場の金持ちたちです。彼らにとっては今が天国ですから、新しい時代など迷惑でしょう。「御国を来たらせたまえ」と祈る人々は、神の国はこんなはずではない。この世界は正常ではない。神さま何とかしてくださいと祈るのです。神が最後の審判をなさるのはいつでしょうか。「主は約束の実現を遅らせておられるのではありません。……一人も滅びないで皆が悔い改めるようにと、あなたがたのために忍耐しておられるのです」（IIペトロ3・9）。神に敵するサタンの活動は天と地の両方に及んでいましたが、イエスの十字架の贖罪によって、サタンは天上世界で完全に敗北し地上に投げ落とされました（ルカ10・18、黙示12・9）。

今サタンは怒りに燃えて地上世界を荒らし回っています。しかし、神の国は完成します。その時地上から悪は一掃されます。私たちは忍耐をもってこれを待つのですが、私たちの祈りによってこれが早められると確信しています。なぜなら「神の日の来るのを待ち望み、それが来るのを早めるようにすべきです」とペトロが言っているからです（IIペトロ3・12）。

神の御心が地で完全に成し遂げられるのはいつでしょうか。イエスはこう言われました「御国のこの福音はあらゆる民への証しとして、全世界に宣べ伝えられる。それから終わりが来る」（マタイ24・14）。だから伝道はキリスト教会最優先課題なのです。「こうして時が満ちるに及んで、救いの業が完成され、あらゆるものが、頭《かしら》であるキリストのもとに……天にあるものも地にあるものも一つにまとめられます」（エフェソ1・10）。復活のキリストがもう一度見える姿で来られるとき（再臨）、私たちの祈りが成就します。

問96　「我らの日用の糧を、今日も与えたまえ」という第四の祈りは、何を求めていますか。

答　食べ物、健康、それらが与えられる環境のすべては神の祝福によるものですから、日々の食べ物が誰にも与えられるようにと祈ります。

貧しくもせず、金持ちにもせず、わたしのために定められたパンでわたしを養ってください。（箴30・8）

問97　「我らに罪を犯す者を我らが赦すごとく、我らの罪をも赦したまえ」という第五の祈りは、何を求めていますか。

答　すべての人に愛と、赦しあう心が与えられるように、と祈ります。

わたしがお前を憐れんでやったように、お前も自分の仲間を憐れんでやるべきではなかったか。（マタイ18・33）

神に関する前半の祈りが終わったらいきなり「食べ物をください」です。これには深い意味があります。食物は農家の苦労の結果です。太陽と雨のバランスが悪かったら、日照りで、また洪水で全滅です。天気と気候が恵まれてはじめてお米は育つのです。これを支配しておられる方は神さまです。さて、収穫された米はトラックで店に運ばれます。そのためにはガソリンが必要です。世界が平和でなく戦争中なら石油を運ぶタンカーもストップしてしまいます。物理的に食べ物が我が家に届いたとしても、我が家の中に平和がなく、夫婦や親子の間で憎しみ、いさかいがあったらどうでしょうか。食事は何とさびしいことでしょう。それは食卓ではなく餌場《えさば》です。さらに、食卓にどんなに豪華な食事が並んでいたとしても、私が病気だったら、歯が痛くて食べ物を噛《か》めなかったらなどと考えますと、「食べ物をください」という祈りには、人間生活のあらゆる要素が含まれていることがわかります。さらにこの祈りは「私に食べ物をください」でなく「我らに」です。私たちの視野は飢餓に苦しむアフリカ、アジアに向けられねばなりません。

第五の祈りは少し複雑です。罪は「負いめ」とも翻訳されます。「我らが赦すごとく」と言っても、私は人を赦したことがあったでしょうか。この文章は「我らは赦します」あるいは「赦しました」とも翻訳されます。これは条件文とか、根拠を表すものではありません。私の罪が赦されるためには、私自身が他の人を赦すことができるよう、私の心が造り変えられねばなりません。私に負いめをもつ人たちに向かって、私がもうそれを追求しない、根にもたないという意味です。神も私の一つひとつの罪をもう数え上げないと、恩赦してくださったではありませんか。私たちは他人には厳格でも自分には大甘です。この逆転、自分に厳しく他人には慈悲をもって接する心、それは常に祈り続けなければとうてい達成できない自己変革なのです。神が私を憐れんでくださって今の私がある。それなら神の赦しを人と人との間に広げていくことは私の責任です。

問98　**「我らを試みにあわせず、悪より救い出《いだ》したまえ」という第六の祈りは何を求めていますか。**

答　**私たちは弱い者ですから、罪の誘惑から助け出してくださいと祈ります。**

誘惑に陥らぬよう、目を覚まして祈っていなさい。（マタイ26・41）

問99　**「国と力と栄とは、限りなく汝のものなればなり」という結びの言葉はどういう意味ですか。**

答　**神が私たちの祈りを確かに聞いてくださる、とほめたたえています。**

偉大さ、力、光輝、威光、栄光は、主よ、あなたのもの。……主よ、国もあなたのもの。（歴代上29・11）

「試み」はこれに打ち勝つならば「試練」で、私たちを強く成長させますが、もし負けてしまうなら「誘惑」で、破滅への道です。安土桃山時代の戦国武将山中鹿之助幸盛は、苦戦に出陣するにあたって「我に七難八苦を与え給え」と祈ったと言われます。逆境、苦しみ、戦いが自分を成長させるという自覚です。しかし、「君子危うきに近寄らず」です。襲いかかる火の粉は振り払わねばなりませんし、この世の誘惑には雄々しく立ち向かわねばなりませんが、必要のない争いは避けねばなりません。そうでなくてもこの世には詐欺、言いがかり、罠、あらゆる悪が私を狙っています。クリスチャンになるとこれらの攻撃がなくなるというわけではありません。「罪は戸口で待ち伏せており、お前を求める。お前はそれを支配せねばならない」（創世4・7）。しかし、私にはそんな力はありませんと正直に認め、私は弱い者だと自覚することによって、神に心から頼る祈りができるようになります。

主の祈りの結びの言葉は、イエスが教えたオリジナルにはありません。これは後の教会が頌栄《しょうえい》の言葉で美しく閉じたのです。これはダビデが、神殿建築資材が集まった時の感謝祈禱《きとう》会で祈った讃美の祈りから採られました。その中心点は「あなたの聖なる御名のために神殿を築こうとして準備したこの大量のものは、すべて御手によるもの、すべてはあなたのもの」です。ここにはダビデの信仰の謙虚さが表れています。

私たちの人生には逆境の時があります。インフレの世の中で、貯蓄もできない生活苦の中で、子どもを育てるにはお金が必要です。これからどれだけお金がかかるのかと絶望的になるとき、ダビデのこの祈りは私たちに勇気を与えます。神殿建築の資材準備という大事業に際し、ダビデは本当に集まるのかと心配だったでしょう。ダビデの祈りが叶えられたとき、ダビデは神の気前の良さに驚き、このように神をほめたたえたのです。したがって、主の祈りの最後を飾るにふさわしい言葉となりました。

この世の終わりについて

問100　この世はいつまでも続くのですか。

答　いいえ、神が決められた最後の審《さば》きの日に（それがいつかは教えられていませんが）、罪あるこの世界は滅びます。

毒麦が集められて火で焼かれるように、世の終わりにもそうなるのだ。（マタイ13・40）

問101　その時、何が起こりますか。

答　イエス・キリストが誰の目にも見える姿で再び来られ、すべてを審《さば》いて新しい神の国を始められます。

人の子は、栄光に輝いて天使たちを皆従えて来るとき、その栄光の座に着く。（マタイ25・31）

この世は始まりがあったように終わりがあると聖書は明瞭に教えています。これを聖書の終末論とよび二つの面から考察します。一つは終わりが来たら「世界はどうなるか」（一般的終末論）、もう一つは「私は死んだらどうなるか」（個人的終末論）ですが、これは問20で学びました。世界の終わりを正しく理解することによって、その中にいる私の死後のあり方もわかりますので、ここでは一般的終末論を考えます。

まず、終末はいつか。イエスはこう言われました「その日その時は、誰も知らない。天使たちも子も知らない。ただ父だけがご存じである」（マタイ24・36）。これを根拠に、父なる神は子なるキリストより上位であると説く人がいますが、見当はずれの議論です。イエスは「そんなことはお前たちの知ったことではない」と、終末の日を知りたいと思う好奇心を戒められたのです。仏教では天国（極楽）の情景を「蓮の葉の上で座禅を組んで瞑想する」静的なものに描きますが、地獄については三途の川、針の山、苦痛を与える鬼たちなど、バラエティー豊かに、想像たくましく描きます。しかし、聖書は「燃えさかる火の地獄」と表現するだけです。天国については人間の想像を超えた「新しい天と新しい地」が創造されると言います。この美しい光景はヨハネの黙示録21、22章でお読みください。一般的終末論で最も重要なのは、キリストの再臨です。現在でも復活のキリストは教会と信者の心の中に臨在しておられますが、終末には誰の目にもはっきり見える姿で来られます。「雲に乗って」「ラッパが鳴り響くと」「天変地異とともに」「天使たちを従えて」という描写は、再臨を誰も否定できないことを強調する、当時の読者への可視的表現です。何のためにキリストは再臨されるのか、それは罪あるこの世を審《さば》くためです。絶対的に聖であり義である方が、堕落したこの世をこのまま放っておかれるはずがありません。この世には麦と毒麦が混在していますが、イエスは「まず毒麦を集め、焼くために束にし、麦の方は集めて倉に入れる」（マタイ13・30）ために来られるのです。

問102 最後の審《さば》きの日に、人はどうなりますか。

答 すべての人は神の前に立ち、審判を受け、正しい者と悪い者に分けられます。正しい者は永遠の命と復活の体を与えられ、神の国の住民とされます。

この者どもは永遠の罰を受け、正しい人たちは永遠の命にあずかるのである。（マタイ25・46）

問103 すでに死んでいる人たちは、審《さば》きの日にどうなりますか。

答 正しい人たちの魂はすでに神のもとで完全に聖《きよ》くされ、この日を待っていました。そして復活の体を与えられ、神の国の住民とされます。

墓の中にいる者は皆、人の子の声を聞き、善を行った者は復活して命を受けるために、悪を行った者は復活して裁きを受けるために出て来るのだ。（ヨハネ5・28、29）

最後の審判の日、その時生き残っている人だけが審《さば》きを受けるのではありません。過去・現在・未来の「すべての人」が審《さば》きを受け、永遠の命か滅びかのどちらかに分けられます。これがイエスが教えた明瞭な「死者の復活」で、この世に生を受け死んだ者を含め全員が受ける審判です（ヨハネ5・29）。

悪人の死者が裁きを受けるための「復活」と、善人の死者の「復活」の違いについては困惑を覚えますが、これはすべての者が神の前に立つという真理を言いたいのであって、時間の外におられる神の目には一瞬の審《さば》きです。なぜなら神の前では時間がありませんから、死者は長い間眠っているのではなく、審《さば》きは死んだ瞬間に同時に起こります。最後の審判と死者の審《さば》きについては、時間の外におられる神のなさることですから、有限な時間の中にいる人間には合理的に説明できません。人は死んだら、その肉体は滅びて大地に帰ります。善人の魂は直ちに聖くされキリストのもとに引き上げられ、体の完全なあがないである復活を待ちます。しかし、悪人の魂は直ちに地獄に投げ入れられます（ルカ16・23）。したがって、イエスが言った「悪人の死者の復活」とその後の審判とは、時系列の説明ではありません。神の前にはすべての者が例外なく審判を受けねばならないということを、念入りに説明されたのです。

人間は魂と体のセットで一人の人間です。体は有限な時間の中に存在しますが、魂は神が与えたものですから、神と同じ「時間の外」に存在します。体が死んで滅び大地に帰ることは、人間の目にはっきり理解できることですが、死後の魂の状態については神の領域です。神はこの両方を正しく処置されます。「神の国の住民」とは正しい人間の死後の居場所です。死後の場所と生活、これは私たちが最も好奇心をもつ切実な疑問ですから、イエスは「わたしの父の家には住む所がたくさんある。……あなたがたのために場所を用意しに行く」と弟子たちを慰められました（ヨハネ14・2）。ここで私たちには完全な憩いが与えられます。

問104　神が見る正しい者と悪い者は、どこが違うのですか。

答　イエス・キリストを自分の救い主と信じ、愛し、従った人が正しい者です。しかし、この方を知りながら信じず、逆らった人が悪い者です。

主人の思いを知りながら何も準備をせず、あるいは主人の思いどおりにしなかったは、ひどく鞭打たれる。（ルカ12・47）

問105　イエス・キリストを知らないで死んだ人々は、どうなるのですか。

答　時間の外におられる永遠の神は、すべての人を見て、どの人に対しても正しい審《さば》きをされます。

神はおのおのの行いに従ってお報いになります。（ローマ2・6）

信者と不信者、麦と毒麦、選ばれる者と捨てられる者、光と闇。聖書は様々な言い方で両者の決定的な違いを述べます。「キリストとベリアル（悪魔）」にどんな調和があるか（全くない）」（IIコリント6・15）。この世では「偉い人」とよばれる人には様々な人がいるでしょう。しかし「正しい人」とはどのような人でしょうか。警察の厄介になったことのない人、親切な人、優しい人、いろいろ思い浮かびますが、統一された基準、ものさしはあるでしょうか。結局個人の主観によりますから相対的な判断になってしまいます。

聖書がいう「正しい者」の基準は一つだけです。それはキリストというものさしです。キリストが「この人はクリスチャンだ」と認めた人です。クリスチャンとはキリストの所有物、またはキリストに属する者という意味です。「イエス・キリストは、私の罪を償うために身代わりとなって十字架にかかってくださった」と信じて、公に信仰告白した者だけがクリスチャンです。この人たちはキリストを愛し、キリストの命令に従います。「悪い者」とはキリストを知らなかった人ではなく、知っていながらキリストを信じず、逆らった人のことです。しかし、それを判断するのは人間ではありません。「人の心を見抜く方」（ローマ8・27）だけです。人は正しい者と悪い者のどちらかに判別されます。神の目には中間の存在はありません。

1549年にザビエルが種子島に上陸し、第一次キリシタン伝道が始まりました。問題はそれ以前の日本人で、キリストの存在を知らなかった人々はどうなったかです。また、世界にはキリスト教が宣教できないイスラム教の国々があります。そのようにキリストを知る機会が与えられない人々を神はどう審《さば》かれるのでしょうか。いいえ、心配いりません。神は時間の外におられる方で、すべての人の心の内を知っておられますから、正しい審《さば》きをされます。何といっても、その人の命を造ったのは神ですから、その命を正しく処置されるのは当然です。

新しい神の国で

問106　復活の体とはどのようなものですか。

答　私たちの地上の体とは全く異なるものです。それは復活のキリストに似た霊の体で、太陽よりも明るく輝きます。

私は天からの光を見たのです。それは太陽よりも明るく輝いて、（使徒26・13）

私たちの卑しい体を、御自分の栄光ある体と同じ形に変えてくださる。（フィリピ3・21）

問107　地上での体と復活の体が全く異なるのなら、神の国で私たちは他の人を見分けることができるのですか。

答　復活の体にはその人の人格が、聖《きよ》められた状態で存在しますので、その人の個性を見分けることができます。

彼らの行いは彼らについて行くからである。（黙示14・13　新改訳）

初代教会が「死人の復活」を宣《の》べ伝えたとき、聴衆から大きなあざけりの叫びが投げられました。なぜなら復活は現在の肉体がそのまま蘇《よみがえ》ることだと思ったからです。ギリシア人は、魂は肉体に閉じ込められていて、死のとき束縛から解放されて自由になると考えていたからです。また「戦争で片足を失った人が蘇ったらその片足はどうなるのか」とか、「天国は老人ばかりではないか」、「複数の妻の争いをどうしてくれるのか」と嘲笑されました。パウロは「自然の命の体と霊の体は全く別物だ」と、苦労しながら長々と説明しています（Ｉコリント15、16章）。これは私たちの理解を超えたことですが、地上をよく見れば「全く別の体」の例を見ることができます。それは昆虫の世界の「羽化」です。芋虫が美しい蝶に、蟻地獄が透明の羽をもったカゲロウに、巨大な芋虫がカブトムシになって空を飛びます。知識をもっていなければこれが同じ昆虫だとはわかりません。地上のこんな小さな世界でも、神は美しい神秘で装っておられます。これを驚きの目で見つめる者は復活の体が理解できます。これは神が与えてくださったヒントです。神の造られた自然世界を謙虚に見つめてこれを讃美する者は、この神秘を自分に応用して考えます。芋虫のように地面を這いずり回っている私たちは、復活によってどのような姿に変わるのでしょうか。

パウロは復活のイエスに出会いました。イエスは太陽よりも明るく輝く姿でした（使徒26・13）。私たちもこのイエスの「栄光ある体と同じ形に変え」られます（フィリピ3・21）。しかし、天国で皆が全く別の体になっていたら、私たちは家族、友人を見分けることができるでしょうか。そんな心配をする必要はありません。私たちの人格は天国でも継続します。なぜなら「彼らの行いが、彼らと共に（死後も）ついて行く」（黙示14・13）からです。人の人格は地上での職業、行為、好み、才能などによって形成されます。労働がその人の顔を作ります。したがって、この人格が聖められた状態で残っていますので、見分けることができます。

問108　神の国で私たちは何をして過ごすのですか。

答　完成された神の国で、私たちは神の御顔を仰いで讃美し、キリストと共に神の国をおさめます。

神の僕たちは神を礼拝し、御顔を仰ぎ見る。彼らの額には、神の名が記されている。……彼らは世々限りなく統治するからである（黙示22・3〜5）

地上の世界と天国の間には全くの隔たりがありますが連続性もあります。「主を賛美するために民は創造された」（詩102・19）のですから、これは天国でも継続され、私たちは完成された神の国でキリストを讃美します。地上では音痴だと言われた人でも、天使よりも美しい声で讃美するでしょう。そして「あらゆるものが、頭であるキリストのもとに一つにまとめられた」（エフェソ1・10）天国で、キリストと共にこの世界を「統治」します。この言葉を新改訳聖書は「王として治める」（黙示22・5）と翻訳しました。キリストが王ですが、天国では支配・従属の関係はなく、皆が自由にこの世界を羽ばたくのです。

それでは天国の民の日常生活は何でしょうか。神の国を「治める」とは具体的に何をすることなのでしょうか。それは行ってからのお楽しみです。しかし、私はこの問題でも聖書をよく読む者にはヒントが与えられていると思います。

地上での生活はその人の人格を造りました。復活によって霊の体をいただきましたが、まるで違う人物になるのではありません。なぜなら私たちの地上での行いは「報われる」からです（黙示14・13、22・12）。

さて「幸福論」を書いた人はたくさんいますが、有名なのは「三大幸福論」です。カール・ヒルティの『幸福論』、アランの『幸福論』、バートランド・ラッセルの『幸福論』。三人が共通して言っていることは、仕事の中にこそ満足、すなわち幸福があるということです。ヒルティは『眠られぬ夜のために』という著書が有名ですが、『幸福論』の中で、「聖書の中には、仕事をしていない人に天使の現れた例は一つも挙げていない」と言っています。アランは「仕事が好きだから打ち込むのではない。打ち込んでいるから好きになるのだ」と言いました。この世でも趣味と労働が一致する仕事をもっている人は幸福です。天国でも最も楽しい幸福な時間は何かに打ち込んで働いている時でしょう。

堕落がなかったら、人間はあらゆる可能性に満ちて宇宙に飛び出していたでしょう。だから、キリストが再臨して新しい世界、神の国が完成したとき、そこは救われて復活した新人類の活動の舞台となります。新しい神の国では喜びの仕事が待っています。なぜなら、生前のその人の生き方、つまりその人の仕事がその人の人格を造るからです。この人格は死んだ後もついて行きます。そうでなければ別人になってしまいます。聖書はその人の仕事が「報われる」という思想をくりかえし語ります。「彼らは労苦を解かれて、安らぎを得る。その行いが報われるからである」（黙示14・13）。これは新改訳聖書では「彼らの行いは彼らについて行く」と翻訳しています。また「見よ、わたしはすぐに来る。わたしは、報いを携えて来て、それぞれの行いに応じて報いる」（黙示22・12）。これも新改訳聖書では「彼らの行ないは彼らについて行く」と翻訳しました。また、イエスは言われました。「天地創造の時からお前たちのために用意されている国を受け継ぎなさい」（マタイ25・34）。「受け継いで」これを発展させるのです。

仏教では天国を静止した世界として描きます、花の香りがあふれ、妙なるBGMが流れていますが、人間は巨大な蓮の花の上で座禅を組み、いつまでも瞑想するそうです。もっとも天国では、宇宙という大きな「人格」の中に、個人の人格は吸収されてしまい、そこでは個人の人格はなくなってしまうと説く仏教もあります。

聖書の教える、来たるべき神の国、天国はもっとアクティブです。天国では、建築家は最高に満足のいく建築物をどんどん作って、毎日が幸福です。自分の思い描いたとおりの建築物を作ることができるでしょう。星と星の間に橋を架けるかもしれません。宇宙という広い舞台の隅々までが彼らの仕事場です。芸術家は最高に満足できる傑作を、宇宙をキャンバスにして日々作り出します。料理家は宇宙の隅々まで出て行き、最高の料理材料を見つけ出すでしょう。もっとも、天国で、何をどのようにして食べて暮らすかはさっぱりわかりませんが……。

　保育園の保育士たちは子どもたちと心を完全に通わせ、最高に幸福な時間を過ごします。音楽家はベートーベンやモーツァルトも顔負けの「天の音楽」を作曲して奏でるでしょう。スポーツ家、アスリートたちは日々自分の能力を高め、最高に満足のいく結果を日々与えられます。すべての者は重力、引力から解放されて空を自由に飛び回るでしょう。なぜなら「霊の体」（Ⅰコリント15・44）に復活した私たちは、イエスが言われたように「天使のようになり」（マタイ22・30）、復活のイエスのように瞬間移動できます（ヨハネ20・19）。

　神の国の爆発するような新人類にとって、無限の宇宙こそ、その舞台にふさわしいものです。おまけに現在の宇宙は「最初の天と最初の地は去って行き」（黙示21・1）、全く新しい宇宙が出現します。現在の寒くて凍《こご》えるような宇宙ではありません。明るく温かく、永遠の命にあふれた宇宙です。神は今現在の、巨大な無限の宇宙を私たちに見せつけることによって、これをはるかに超えた宇宙を想像するようにチャレンジしておられます。

補遺（APPENDIX）　キリスト教の三大祭

クリスマス

クリスマスは「キリストの祭」という意味で、キリストの誕生日を祝います。欧米では12月25日は休日で、教会ではクリスマス礼拝が行われます。しかし、日本では休日でないときがほとんどですから、多くの教会では25日以前の日曜日にクリスマス礼拝を行わざるをえません。イエスがいつ生まれたのかは、聖書には書かれていません。羊飼いたちが夜通し放牧していたところに天使が現れ、イエスの誕生を知らせたとありますが、イスラエルではこの日は冬の雨季で、羊飼いたちが放牧していたはずがないという意見もあります。しかし、エルサレム神殿で犠牲に捧げられる羊は、特別に冬でも戸外で放牧されていたという記録がありますので、これは根拠になりません。イエスの誕生を12月25日としたのは別の理由によります。

クリスマス行事の最古の記録は4世紀にありますが、それ以前にはクリスマス行事は行われていなかったようです。初代のキリスト教会の宣教キャッチフレーズは「ナザレのイエスは復活した」で、復活祭（イースター）がメイン行事でした。クリスマスが祝われるようになったのは、キリスト教がヨーロッパから北欧に宣教されていく過程で取り入れられた行事です。ヨーロッパ各地では「太陽の祭り」とか「冬の祭り」とよばれる行事が冬至に行われていました。それは太陽が冬至に近づくと日照時間が少なくなり、冬至を過ぎると「よみがえる」現象が観測されたからです。「死んでよみがえる」太陽を祝う行事です。聖書では主の日に「義の太陽が昇る」（マラキ3・20）というメシア預言がありますので、これを教会はキリスト教的に再解釈し宣教のために取り入れたのです。太陽の祭りでは人身御供を木に吊るす野蛮な習俗もありましたが、教会はこれを廃止し、イエスの誕生日として喜びの祭りに変えました。

イースター

イースターは、イエス・キリストが十字架にかけられ死んだ（金曜日）後、三日め（週の初めの日、日曜日）に復活されたことを祝う行事です。復活祭をいつにするかで、初代教会では議論がありましたが、最終的には西暦325年のニカイア会議で、「春分の後の満月後の日曜日」と定められました。しかし、ロシア正教などではこれと違う日を採用しています。イースターは移動祭日で、毎年その日にちが変わります。

イースターという英語は、ゲルマン神話の春の女神EostreまたはAustroが語源だと言われます。キリスト教がローマ帝国に浸透していく中で、春に行われる復活日礼拝がイースターとよばれるようになったのでしょう。弟子たちの伝道説教の中心的メッセージは「ナザレのイエスは復活した」です。パウロも「イエスと復活を告げ知らせ」ました（使徒17・18）。しかし、当時のギリシア世界では「肉体の中に閉じ込められている霊魂は死によって解放される」というのが一般常識でしたから、「死者の復活ということを聞くと、ある者は嘲笑った」（使徒17・32）のです。なぜなら復活とは、現在の肉体がそのままよみがえることだと思い込んでいたからです。それなら朽ち果てる現在の肉体、恥と苦痛に満ちた肉を再びまとうことになります。そこに真の救いはありません。

「復活」と「蘇生」とは全く違います。蘇生とは「死んだと思われていた肉体が生き返った」ということにすぎず、その肉体は再び滅びてしまいます。新約聖書には死人がよみがえる奇跡の話が6回あります。しかしこれらは蘇生であって、彼らは再び死ぬべき体によみがえっただけです。イエスの復活はこれらとは全く異なり、「栄光の体への復活」であり、もう死ぬことのない体になったのです。私たちの肉体は滅びますが、キリストの復活は後に続く私たちの復活の証拠、初穂です。イエスを信じる者は死後に栄光の復活にあずかることができます。

ペンテコステ

ペンテコステはギリシア語で「50番め」という意味です。旧約聖書では過越祭の安息日の翌日から数えて7週めの翌日、つまり50日めに新穀を献げることが命じられています（レビ23・15、16）。この「七週祭」が新約聖書では五旬祭（ペンテコステ）とよばれるようになりました。イエス・キリストは過越祭に献げられる最後の犠牲の羊として十字架にかけられ、復活後40日にわたって弟子たちに現れ、天に昇られました。そして一週間後の、五旬祭に合わせて、聖霊がこの集団の上に降臨しました。このとき起こった現象は三つです。一、大嵐のような音。二、炎のような舌。三、外国語で語られる「神の偉大な業」。

これは世界各地から五旬祭に集まった巡礼者の、耳と目を引くための神の演出です。その結果この物音に大勢の人が集まり、自分たちのお国言葉で弟子たちが神を讃美するのを聞いて驚いたのです。この時ペトロがこの事件を説明する説教をすると、一挙に3000人が洗礼を受けました。イエスの十字架というニュースが、まだエルサレム中で生々しく語られていたからです。世界各地から集まった信心深いユダヤ人はこの聖霊降臨事件の証人となり、故郷へ帰って、各地でこの経験談を話したことでしょう。それはペトロやパウロたちが世界伝道する上での伏線となりました。外国語は福音が世界中の異民族に広がることを表しました。舌のような炎は見えない聖霊がこの時だけ見える形で現れたのですが、それは「言葉」を象徴しています。

神の宣教の業は聖書と聖書の説き明かしである説教の言葉によってなされます。「私の口から出る私の言葉も、空しくは、私のもとに戻らない。それは私の望むことを成し遂げる」と神が言われたとおりです（イザヤ55・11）。この炎は世界中に広がりました。

あとがき

35年間の牧師生活の中で最も楽しかったのは、子ども相手の教会学校の説教でした。小学生のクラスでは『子ども教理問答』を作り、中学生、高校生クラスでは『キリスト教　初歩教理問答』をテキストとして作りました。それぞれ何度も改訂版を作り、この『ジュニアのためのキリスト教教理問答』は三回めの改訂版です。子どもたちの反応を見ながら言葉遣いを改めました。できるだけキリスト教の専門用語を使わないようにしましたが、言葉は思想ですからキリスト教用語を使わざるをえない場合があります。これらの言葉を日本語として日常化させる努力をしなければなりません。

この教理問答を使用して数年たちましたが、解説を書くようにと教会学校から依頼されました。横浜中央教会を定年退職して時間ができましたので過去の説教を思い出しながら、これにチャレンジすることにしました。皆様の感想をぜひ聞かせていただき、バージョンアップしていければと願っています。

２０２３年　春

立石章三

著者紹介
立石章三　TATEISHI Shozo

1949 年生まれ
神奈川大学経済学部卒業
改革派神学研修所卒業
所沢ニューライフ教会、横浜中央教会 元牧師
現在：改革派神学研修所実践神学講師
著書：『なるほどこれがイースター』
『なるほどこれがクリスマス』
以上 CLC 出版
『シャキッと歯ごたえ聖書の言葉』
『説教集　旧約聖書の歴史』
『聖書随想　エデンの園のラピスラズリ』
『キリスト教子ども教理問答』
『中学生・高校生のキリスト教初歩教理問答』
（以上私家版）
説教アーカイブ：「YouTube 立石章三」検索

ジュニアのためのキリスト教教理問答

発行日……二〇二三年六月二日　第一版第一刷発行
定価……［本体一、二〇〇＋消費税］円
著者……立石章三
発行者……西村勝佳
発行所……株式会社一麦出版社
札幌市南区北ノ沢三丁目四－一〇　〒〇〇五－〇八三二
郵便振替〇二七五〇－三－二七八〇九
電話（〇一一）五七八－五八八八　ＦＡＸ（〇一一）五七八－四八八八
URL https://www.ichibaku.co.jp/
携帯サイト http://mobile.ichibaku.co.jp/
印刷……株式会社総北海
製本……石田製本株式会社
装釘……鹿島直也

ISBN978-4-86325-149-6 C0016
落丁本・乱丁本はお取り替えいたします。

日本キリスト改革派教会宣言集

——附解題　日本キリスト改革派教会憲法委員会第一分科会

創立宣言から70周年記念宣言までの本文と解説ならびに四大公同信条。自分たちの言葉により信仰を告白することをめざし、10年毎に「宣言」を作成。次代の教会形成と福音宣教の力の源としたい。

Ａ５判　定価［本体２４００＋税］円

ウェストミンスター信仰告白

村川満・袴田康裕訳

近年、ウェストミンスター神学者会議副議長コーネリアス・バージェスの筆写による全文が発見された。本書はこれを底本とするものである。日本キリスト改革派教会の長老と牧師による翻訳。

四六判　定価［本体１６００＋税］円

ウェストミンスター小教理問答講解

水垣渉・袴田康裕

小教理の言葉の意味と問答の内容のかみくだいた説明は、たんなる解説に留まらず豊かなメッセージに満ちている。小教理を、わたしたちの魂の対話相手とし、教会の信仰を身につけたい。

Ａ５判　定価［本体２４００＋税］円

CATS 日本キリスト教会大信仰問答

ビジュアル版

日本キリスト教会

全14章、２９９問答。日本で書かれた信仰問答！伝統的な信仰問答の枠組を踏まえ、使徒信条・十戒・主の祈りを骨格にしつつ、全体を大きく信仰篇と生活篇の二部構成に。軽やかなデザインの「信仰問答」誕生！写真、絵画等満載。

Ａ５判変型　定価［本体１８００＋税］円

キリスト教信仰Ｑ＆Ａ

久野牧

キリスト教信仰にまつわる疑問の数々……。そんなあなたの「素朴な疑問」に答えます！　求道者や信仰に入って間もない人たち、また信仰に関心をもち始めている人たちへのプレゼントに最適。

四六判　定価［本体１８００＋税］円